MW01242324

Javier Febo Santiago

Editorial Raíces P.R.

editorialraicespr@gmail.com

Edición: Edna Fernández

Diagramación y diseño de portada: Mayra L. Ortiz

ISBN: 9798684587979

septiembre 2020

Colección Crepúsculo

"Abriendo surcos en la literatura puertorriqueña"

Javier Febo Santiago

MALA FAMA

Editorial Raíces P.R.

editorial raíces

A todos los fanáticos
del deporte, del béisbol
y de la literatura.

Si el corazón pudiera pensar,

se detendría.

-Fernando Pessoa

El béisbol es como la iglesia.

Muchos asisten y pocos

entienden.

-Leo Durocher

No me interesa cuánto

tiempo has estado en el

juego, nunca lo has visto

todo.

-Bill Veeck

Una verdad

No hay verdades absolutas. Hasta lo que vemos puede ser dudoso. No sabemos con certeza si lo que vemos es absoluto, si es real, si nos antecede o precede. Dependerá de lo que dicte el cerebro. Y todo pende de un hilo. Del amor al odio, un hilo. Del odio al amor, un hilo. De amigo a enemigo, un hilo. De un pitcher mediocre a un pitcher bueno, no hay un hilo, hay una soga de barco crucero. Es diferente. De béisbol no quiero escribir. Es complicado. Siempre tengo la razón es ese aspecto, aunque no quiera. Obviando lo anterior, quiero escribir del tiempo. De cómo pasa el tiempo. De cómo el tiempo adormece lo vivido. Y de cómo el tiempo cobra importancia cuando se mira lo que fuimos con objetividad, o con una subjetividad que no justifique lo que fuimos.

Olvido el tiempo.

Una verdad.

Mi verdad.

Estoy en una lucha constante por hacer el bien.

Otra verdad

Soy hipócrita hasta conmigo. Pude haber escrito: Soy un hipócrita conmigo mismo. Creo que conmigo es suficiente. No sé si han escuchado lo siguiente: Él es mi amigo personal. O, mi opinión personal es... ¿Por qué escribir la palabra personal? No entiendo. Pero bueno, sigo. Soy hipócrita, porque reprimir, claro está, a veces, solo a veces, la arrogancia que circula por mis venas es ser hipócrita. Punto. Soy un reprimido. Y a veces, muy pocas veces, un humilde enmascarado.

Nunca me ha molestado la actitud de Floyd Mayweather, Cristiano Ronaldo, Diego Maradona, y del mejor de todos, Muhammad Ali. He sido fanático de ellos no tan solo por lo que han hecho y siguen haciendo en sus respectivos deportes, sino por sus bocotas. Por sus reacciones ante los que quieren reducirlos ante sus oponentes. Unas bocotas que generan amor y odio. No se la tapan. Dicen lo que sienten o lo que se necesita decir para que su valor aumente. No permiten que otros tengan la última palabra. Ellos la van a tener siempre, tengan o no tengan razón en sus argumentos.

A Mayweather mucha gente quiere verlo perder, y mejor aún, quieren verlo noqueado. Nada de eso podrá ser posible. Se retiró. Y se retiró invicto, sin ser noqueado, con mucho dinero y sin cerrar la boca.

Diego y Ali lograron lo que lograron no porque fueran dotados de habilidades dadas por alguna divinidad desconocida. Eran deportistas con una ética de trabajo sobresaliente. Lo mismo sucede con Floyd y Cristiano.

Creo que yo no llego a ese nivel de arrogancia. Pero ¿quién soy yo para determinar tal cosa?

Odio

Me gusta el béisbol. Más que a Paul Auster y que a Don DeLillo. Ellos simplemente son escritores que les gusta el deporte y escriben sobre él en sus novelas. Pero no tienen el talento suficiente para describirlo con exactitud ni para darle la emoción que se merece un espectáculo tan complicado, donde la teoría de Isaac Newton de movimiento y fuerza está implícita. Es notable si se leen sus escenas de tristeza y dolor por los Mets. Ambos aman a los Mets, por lo tanto, son gente que le gusta sufrir. Lo que puedo decir a favor de Paul es que sus novelas cuentan historias que me llevan a muchos lugares, y eso se lo tengo que agradecer. Puedo decir que es uno de mis autores predilectos. Pero el béisbol para ellos se reduce a ir al parque y a escribir que fueron al parque a sufrir. Es triste tal situación por dos razones. Una, por el hecho de escribir para sentir una noción de la pasión. Y dos, por el hecho de sufrir.

Yo no sufro. Yo voy al parque y juego. Yo me visto de uniforme y lanzo la pelota a 90 mph aproximadamente, por alrededor de 7 entradas. En el montículo soy emocionalmente invencible. Los abucheos de los fanáticos del equipo contrario me animan a lucir mejor. Acallarlos y humillarlos se vuelve un aliciente para ganar con muchos ponches. Ese silencio, luego de ponchar a su mejor bateador, me llena más que ganar el mismo juego. Cuando picheo en parques donde la gente se sabe comportar, o abuchea poco, no soy el mismo. Gano, pero no soy el mismo. Coarta mi instinto asesino. No verlos sufrir, ni verlos decepcionados me desanima. Cuando saco el tercer out vía ponche en esos parques donde el silencio es aterrador, solo pienso en los camarones con cilantro y ajo que me comeré cuando termine el partido. No pienso en cuántos me estarán maldiciendo y deseando que muera. Y eso me molesta. Es posible que sea raro decir estas cosas. La realidad es que siempre deseo que el equipo contrario y sus fanáticos me odien con toda su alma, tan fuerte como yo odié a los Oakland Athletics. Los odié no por capricho, sino porque estaban de moda. Y la moda y yo no nos llevamos bien. Cuando les preguntaba a los que llevaban puesto el jersey de José Canseco, Mark McGwire,

Rickey Henderson o de Rubén Sierra, cuáles eran las estadísticas del jugador que llevaban en sus espaldas, no sabían. No sabían un carajo de nada. Cero béisbol. Lo llevaban puesto porque los raperos de aquella época que gustaban de mujeres de nalgas grandes en bikinis metidas en piscinas, bebían champagne Cristal Louis Roederer directamente de la botella, lo vestían. Porque los que les cantaban a la violencia y al consumo de drogas, y lanzaban el dinero hacia arriba hacían gala de esas prendas. Los odié por eso y porque eran los rivales acérrimos de los Toronto Blue Jays.

No completo muchos juegos. Habrá alguien, como siempre, que me lo reproche. No es interesante ni saludable para mí lanzar las 9 entradas. Lo importante es dejar al equipo ganando y que el relevo se encargue de lo demás. Para eso están, para relevar. Siete entradas son suficientes. Aunque mi brazo es fuerte y puedo pasar fácilmente de 100 lanzamientos, no me da la gana de completar los juegos. Siete entradas y nada más. Ese es mi trabajo, le guste a quien le guste. Mi sacrificio dura 7 entradas, y punto. Si realizo 95 o menos lanzamientos en el último juego, 5 días de descanso son suficientes. Si paso de 96 lanzamientos, descanso 6 días, no menos. Ciento diez lanzamientos es lo máximo que le permito al brazo en casos extremos y de total exigencia. Total exigencia, en palabras sencillas, es lo siguiente: si les toca batear al uno, dos y tres del line up contrario, o al dos, tres y cuatro, yo los quiero. Yo les lanzo.

Las críticas de los periodistas son muchas y fuertes, tanto, que rayan en la ofensa. Pero yo siempre les tengo lo suyo empaquetado y con lazo. A esos pegajosos me los saco de encima diciéndole cosas como estas:

— Hice mi trabajo y ganamos. Ahora, haga usted el suyo. Diga que Javier Romero Santiago lanzó 7 entradas, 0 carreras, permitió 4 hits, 2 bases por bolas y ponchó a 7 jugadores con menos de 80 lanzamientos. ¡Qué fenómeno! ¿Verdad?

Los semblantes de los periodistas son variados. Algunos hacen muecas, otros se arrugan, otros ríen, y la mayoría gesticula como para querer escupirme.

— ¿Qué le pasó a su pitcher favorito, el que lanzó las 9 entradas y 129 lanzamientos en su salida anterior? Hoy solo lanzó 5 entradas, y permitió 6 carreras. Perdió. Y yo, en mi salida anterior lancé 7 entradas, y permití 2 carreras. Gané. Y hoy, volví a ganar con 7 entradas lanzadas. Ustedes me dicen que ganó los juegos porque el equipo tiene un gran bullpen. Están en lo cierto. Es el mejor bullpen de la Major League Baseball. Es que tengo mucha suerte, — termino diciéndoles.

Siempre que digo lo anterior me río por dentro. Sé que me odian. Ahora mismo me estoy riendo por dentro, porque me odian.

Josh Beckett dice: «Mi filosofía siempre ha sido que me quedo en el juego hasta que alguien salga y tome la bola, o se acabe el partido. De esa manera, no estoy tentado a salir afuera pensando de otra manera.» Respeto su filosofía, pero no la acepto. Porque tengo otra, y me convence.

No soy enemigo de los periodistas ni mucho menos. Comprendo su trabajo, pero creo que ellos no comprenden el mío. Mi trabajo es lanzar la pelota y ganar. El de ellos, creo yo, es ver los juegos, disfrutarlos, analizarlos y comentarlos, no exigirme. ¿Quién le da ese derecho? No lo sé. Por mi parte, ese derecho se lo voy a negar. No se lo voy a dar nunca. Ese derecho es exclusivo de la fanaticada y del head coach, que bastante me jode la vida.

Responsabilidad

Como todo el mundo sabe, tengo detractores dentro y fuera del equipo al que pertenezco. Es normal la apatía cuando se es el mejor pitcher de la Grandes Ligas en un equipo que jugaba para promedio antes que yo llegara. Pero tengo la sensación de que son muchos más afuera que adentro. Dentro, creo son solo los directivos. Es que no les río sus gracias y mucho menos les hago concesiones. Mi trabajo es ganar juegos y el de ellos ganar dinero. Lo tengo muy claro. Conozco las distancias. Cuando se me acercan para que entienda mejor el negocio, y toda esa mierda del empoderamiento, entre otras cosas, les digo en un tono conciliador y relajado: «Soy un lanzador. Mejor dicho, soy su mejor lanzador, y lo saben muy bien. Lo que no saben muy bien es que mi contrato no es el que merezco. ¿De acuerdo? Si hacemos un estudio del mercado de los lanzadores mejores pagados, verán que no estoy ni entre los primeros diez. Si recibo un alza sustancial en mi salario completaré algunos juegos, aumentaré mis salidas y estaré dispuesto a hacer más publicidad.»

Reconozco que no soy Denny McLain que ganó 31 juegos en una temporada. Tampoco un Juan Marichal que en 1966 ganó 25 juegos. No es que pretenda ser arrogante ni mucho menos. Pero, ¡he ganado dos Cy Young! ¡Corridos! Además, en veinte ocasiones, a pesar de que empecé a lanzar en Grandes Ligas a mis veintiocho años luego de recorrer las Ligas Menores y Japón, con tan solo 27 lanzamientos he sacado a todos los bateadores en las primeras tres entradas. ¡En veinte ocasiones!

Mi relación con la mayoría de mis compañeros es buena, aceptable con unos pocos, y nada buena con el cátcher regular. Aceptable con unos pocos porque creen que Dios es capaz de ayudarle a batear jonrones, hits, a coger los outs imposibles; y a los pitchers a estar controlados lanzando en la zona de strike, a ponchar a los bateadores peligrosos, y en resumidas cuentas, a ganar el partido. Es como si Dios solo los amara a ellos y no a sus rivales. Son extraños todos esos rituales de besarse las manos y alzarlas al cielo mirando al firmamento. No creo que a Dios le interese el béisbol.

Si no le interesan las guerras, la corrupción y la trata de humanos, menos un juego con bates, guantes y pelotas. Algunos de esos compañeros, los que le agradecen a Dios por destruir a su enemigo (sin ganas de ofender), no sabían que el ser humano está hecho de azufre, carbono, hierro, calcio… así, como las estrellas. La vez que lo dije en los vestidores se echaron a reír. No me creían. Tuve que sacar mi teléfono, abrir la aplicación Play Books y mostrarle el libro de Juan Carlos Ortega, *El Universo para Ulises* y la parte en que lo mencionaba. La tenía sombreada con un anaranjado muy bonito. Tampoco sabían que la luz viaja a menor velocidad si está dentro de un objeto. Cuando les dije que Maryam Mirzakhani había ganado la Medalla Fields, y que era la primera mujer en ganarla, prefirieron hablar de los videos de Instagram. Está bien, no me molesta. Lo que me molesta es que me digan mentiroso, o se reían de mí por su ignorancia. No es de sabios entender que a pocos les interesa la teoría ergódica, la geometría simpléctica e hiperbólica o la teoría de Teichmüller. Todo eso cambia la vida como la conocemos. Yo no las entiendo, obviamente. Pero cada cual es un mundo. Y hay que respetarse. Después que sean felices…

Mi relación con el cátcher regular es simple. No entendía mi juego. Lo sigue sin entender. Hasta Jack Clark, el narrador oficial del equipo, lo sabía y lo decía. Mis estrategias son parecidas a las usadas en el ajedrez. Me considero el Bobby Fisher del béisbol. (Por cierto, me encantó *Pawn Sacrifice*.) Sé cómo mover las fichas, en mi caso, los lanzamientos. Estudio meticulosamente a cada bateador que voy a enfrentar. La clave está en conocer sus fortalezas y debilidades para establecer la táctica. Cómo abrir un partido y cómo cerrarlo es crucial para ganar. Saber cuándo atacar con fuerza o con moderación es esencial para mantenerme intimidante y con fuerza al menos las 7 entradas. Y para tal, tenemos que sentarnos antes del juego a trabajar esos aspectos. Pero él no estaba dispuesto a dar ese algo más. Por lo tanto, que él estuviera detrás del plato en mis salidas era insoportable y hacía imposible ganar. Cuando yo quería un lanzamiento afuera, él lo quería adentro. Cuando yo quería tirar una curva o un slider, él quería una recta o un cambio de velocidad. No sé si a Greg Maddux le pasó lo mismo con Javy López. Lo entendería si su caso era parecido al mío. Lo cierto es que detesté por mucho tiempo a Maddux y su decisión de dejar a Javy fuera de la rotación cuando lanzaba. Lo que sí sé es que el morbo se apoderaba de esos juegos específicamente. Las cámaras no dejaban de enfocar a Javy en casi todo el juego cada vez que Greg Maddux lanzaba. Lo enfocaban más que en sus juegos detrás del plato. La gente, al parecer, tenía la necesidad de verlo masticar chicles, comer semillitas, rascarse la cabeza, escupir y quitarse y ponerse la gorra mientras el lanzador que no lo quería detrás del plato masacraba al oponente. Lo peor es que Maddux ganaba muchos juegos con el puertorriqueño en el dugout.

El dirigente no estaba de acuerdo conmigo al principio por el hecho de que el cátcher que yo no quería bateaba .290, y el que yo quería bateaba .234, pero su control, visión del juego y defensa no tenían comparación. Cedió al ver nuestras constantes peleas y cuando le puse sobre la mesa las estadísticas de bateo del cátcher regular cuando yo picheaba. Era de .251. Con el cátcher regular siempre dejaba el juego empate o atrás por una carrera. En esos primeros cinco juegos en Grandes Ligas en que me recibió los lanzamientos gané y perdí un juego. En los otros tres no tuve decisión. La pasaba mal cada vez subía a la lomita a lanzar. Los fanáticos y los periodistas se daban cuenta de la actitud de ambos. No le estábamos haciendo bien al equipo. Por fin accedieron a mi petición. Con Gabriel Molina es un deleite el juego. Es un cátcher que tiene la cabeza bien amueblada para el béisbol. Así le decía Joaquín Sabina a Javier Krahe en el plano musical.

Me acuerdo que Gabriel Molina me decía en el vestidor:

— Javier, te vas a buscar un lío con el dirigente, el gerente y el presidente. Deja las cosas como están, poco a poco se darán.

— Poco a poco voy a seguir perdiendo. Y si en este deporte no ganas juegos, no ganas billetes, mijo. Yo no estoy en las Grandes Ligas para hacer el ridículo. Yo estoy aquí, después de tanto tiempo recorriendo ligas, para dejar huellas, para jugar con alegría, para que los fanáticos que llenan el parque griten: ¡Vamos a ganar! ¡Hoy pichea Javier Romero Santiago con Gabriel Molina detrás del plato! Yo aspiro a eso.

— Sí, pero…

— Sí, pero nada. Molina, tú sacas casi la mitad de los corredores que intentan robarse las bases. Sacas unos outs no sé de dónde carajo. Sacas al corredor de primera y al de tercera si están mirando para las pailas del infierno con tiros certeros, seguros. Tú estás pendiente de cada detalle del juego en todo momento. No te duermes en las pajas. Sabes dónde lanzar la pelota en situaciones confusas. Me facilitas la vida. ¿Por qué? Porque tengo que lanzar menos. ¡Entiéndelo, mijo! Mi brazo contigo va a durar una eternidad.

—Lo que pasa es que el tipo me mira como si quisiera matarme.

—¡Que se joda el cabrón! ¿Cuánto dinero él te paga para que estés en el banco? Dime. Si usted quiere sobresalir en este deporte no puede tener miedo. De cierta forma también debemos ser egoístas. Nos pagan por desempeño, no por simpatía. A la gente que sabe de béisbol le gusta vernos jugar. Nosotros somos algo así como Roberto Alomar y Omar Vizquel, o como Iván Rodríguez y Nolan Ryan. Bueno, te falta un poco para compararte con *Pudge*. Pero vas bien.

— Lo sé. La gente me lo dice en la calle. Me felicita…

— Pues, anímese. Que el show es nuestro, puñeta. Debemos respetar el gusto que tiene la gente por nosotros. En todos los noticieros de deportes cada vez que tú y yo jugamos creamos conmoción. Dedican prácticamente un segmento del programa para nosotros. Porque tú y yo tenemos pasión, sabemos jugar con elegancia, y la gente ve que nos llevamos bien, que es posible la armonía y divertirse bajo la gran carpa. ¿No has visto a los niños con nuestros jerseys en las gradas? No hay de otra; tenemos una gran responsabilidad.

Cy Young

Ganar premios es importante. Para mí, lo más importante. No soy como esos hipócritas que dicen que a los premios no se les debe dar importancia, que lo importante es jugar, competir. Se van todos al carajo. Cómo me molesta la falsa modestia. Si no le dan importancia, ¿por qué recogen el premio? ¿Por qué sonríen? ¿Por qué colocan el premio en un altar? No me jodan. Si van de visita a sus casas, lo primero que vas a ver, de forma "indirecta", es el altar repleto de trofeos, placas, medallas… ¿Cuál es el mensaje? Por favor, es obvio. ¿Por qué no están en el garaje, o en el sótano? No. Están a la vista de todos. Como quien dice: «Mira lo que he logrado, ¿no es precioso?»

Me fascina recibir premios, y trabajo mucho, muchísimo para ellos. Cuando se menciona mi nombre entre los candidatos me tiemblan las patas. Inmediatamente me comparo con los demás candidatos para visualizar mis posibilidades. Es claro, yo no quiero que otro lo gane. Lo quiero para mí. Cuando los periodistas me han preguntado acerca de las nominaciones, no me comporto como un estúpido diciendo que no estoy pensando en la posibilidad de ser el elegido, que estoy concentrado en el partido inmediato. No. Digo la verdad. Demuestro felicidad y ansias de ganar el premio. Pienso que es lo lógico. Podrían decir que soy unególatra, arrogante, y hasta mal compañero si el otro candidato es un pitcher del mismo equipo en el que juego. La verdad, es que me comporto con autenticidad. No pretendo reprimirme por darles gusto a otros. No. Es posible que a veces me pase de la raya con ciertos comentarios, que luego de reflexionar sobre ellos, no salgo bien parado. Aunque puedo defenderme diciendo que no soy perfecto, no lo digo. Asumo la responsabilidad de mis actos. Defenderme diciendo que no soy perfecto es una bajeza. Mejor es callar e intentar no volver hacerlo. Con las palabras se puede hacer mucho bien, pero también mucho mal. Soy consciente de ello. Pero, lo vean como lo vean, yo lo veo como una forma de no pasar desapercibido por la liga que inmortaliza a los grandes. Aspiro a ser un grande. Aspiro a tener mi placa en Cooperstown junto a Roberto Clemente, Pedro Martínez, Orlando *Peruchín*

Cepeda, Sandy Koufax, Randy Johnson, Leroy *Satchel* Paige, Rafael *Felo* Ramírez... Hay gente que no aspira a nada. Piensan que todo es vanidad de vanidades, todo es vanidad. ¡Ay, mi madre! Vanidad de vanidades, todo es vanidad. Cuando me siento en el sofá frente a los dos Cy Young, no me parecen para nada una vanidad. Al revés. Me parecen un tributo al esfuerzo. Al esfuerzo de entender que las cosas hay que hacerlas bien, muy bien. ¡Y cómo sonrío frente a ellos! Me hacen cosquillas. Me acarician las mejillas. Son dos soles y dos lunas llenas. Dos lumbreras que evitan los tropiezos. El ganar dos Cy Young corridos significa que fui mejor que los demás, que me envidiarán, que dirán que no los merecía, que otros fueron mejores que yo. Pero no: yo fui el mejor, no una vez, sino dos veces. Si hay dudas, que haya dudas. Yo no las tengo. Y el día que las tenga, tengo dos formas, dos maneras, dos razones para despejarlas, para erradicarlas, y para no olvidarme de lo que fui y de lo que soy: un gran pitcher.

Lo que no me gusta de los premios es ir a una ceremonia para recibirlos. Se espera de mí sonrisas, abrazos, saludos, y lo peor, un discurso que conmueva. Un discurso que eleve los valores y principios de una sociedad podrida que aspira a ser feliz a través de la acumulación de cosas inservibles y que no necesitan para que los demás los admiren. Se me hace difícil escribir un discurso que alcance detonar la glándula lagrimal. Cómo voy a conmover si mi madre y mi padre fueron, entre otro montón, personas que no me apoyaron en mis aspiraciones de llegar a ser un grandes ligas. Nunca me llevaron al parque a practicar, ni vieron un solo juego. Para ellos los horarios de la iglesia eran sagrados. Si algo intervenía con sus creencias y con la asistencia al templo, no se sentían cómodos. Su Dios era primero, lo demás podía esperar, aunque de eso dependiera la felicidad de su hijo. Cuando le reclamaba por su forma de actuar conmigo, tan lejana y cruel, decían: «Debes buscar las cosas de Dios primero, que las demás te serán añadidas.»

No está bien hablar mal de tus padres en un discurso en el que se supone todo sea alegría.

Ganar premios es un delirio. Recibirlos es un martirio. Si me los enviaran por correo los agradecería más. La verdad es que recibir el premio que sea que tenga que ver con béisbol y mi tío no esté presente, no tiene el mismo significado.

Dependía de mi tío para sonreír en el parque. Él, que salía cansado de trabajar de una tienda de pinturas, echaba todo a un lado para hacer feliz a su sobrino. Y no siempre podía, porque en muchas ocasiones tenía que trabajar tiempo extra para tener un dinerito para ahorrar para mis cosas, para salir bien en las evaluaciones y recibir un buen aumento salarial. Cuando mi tío no llegaba a la hora más o menos que debía de llegar, sabía que estaba trabajando, que estaba metiendo mano para comprarme el guante que me prometió, los spikes que nos gustaron, el bate que tenía el nombre grabado de Víctor Pellot, y todo lo que yo quería que tenía que ver con béisbol. Yo era tan importante para mi tío, que cuando no podía ir a buscarme para llevarme a una práctica o a un juego por alguna situación imprevista en el trabajo, hablaba siempre con sus amigos para que me llevaran. Nunca me dejó desamparado. Me acuerdo aquella primera vez que mi tío no llegaba a buscarme; estaba yo triste y desolado, frente a mi casa, sentado en la acera con limo y pasto en las divisiones. Antes de recoger el bulto que tenía todo lo que necesitaba para jugar, ya rendido de esperar, sonó una bocina y alguien conocido me dijo: Vente Javielito, que te voy a llevar a jugar. Tu tío se quedó pillao en el trabajo y no puede llevarte.

Con mi tío veía, en su apartamentito alquilado, comiendo Doritos, Cheetos y bebiendo Seven-Up y A&W Root Beer, los juegos de los Toronto Blue Jays. Ver a la magistral segunda base Roberto Alomar, al pitcher Juan Guzmán, a Cito Gaston sentado en el banquillo dando instrucciones, y a Cándido *Candy* Maldonado era lo máximo. Cómo gozamos en los años 1992 y 1993 con la Serie Mundial.

Cuatro días antes de yo recibir el primer Cy Young, en medio de una balacera de carro a carro en la avenida Román Baldorioty de Castro, una bala perdida mató a mi tío mientras conducía el Lincoln Continental Town Car negro, nuevo del 97, que le regalé con el primer cheque que cobré como jugador profesional. Era el carro de sus sueños. Mi obligación era retribuirle con amor todo lo que hizo por mí. Me quedé corto. El azar y su incomprensión volvieron aparecer. En el discurso obligado, le agradecí todo su esfuerzo, confianza, ánimo, paciencia y todo lo que compró a duras penas para que yo me sintiera bien y llegara donde quería llegar. Nunca me presionó. Nunca me dijo: «Lo hiciste mal. Hazme caso. Tú no sabes nada.» Ni me reclamó sus sacrificios.

En cambio, me decía en las prácticas que nos exigíamos en un parquecito cerca de su apartamento: «¿Cómo te sientes? No te preocupes. Si no practicaste bien hoy, practicarás mejor mañana. Debes estar cansado. Tranquilo, mijo, que mañana es otro día.»

No hubiera logrado mis sueños de jugar en las Grandes Ligas si no fuera por él. Aun hoy, siento un dolor inmenso por su inmerecida muerte. Siento que no hice lo suficiente para tenerlo a mi lado. A pesar de que sí lo hice, él no quería dejar la isla. Me decía que se aburría en San Luis. Que no era un sitio para él. Que no hacían alcapurrias, bacalaítos, mondongo ni sancochos. Que tampoco quería dejar de trabajar, porque él no me ayudó para que yo lo mantuviera. Él me ayudó porque me amaba. Ya ven, el dolor me va a durar hasta que me muera.

Lo que más me gustaba de él cuando terminaba un juego y nos montábamos en el Toyota Corolla color vino del 85, era que, aunque yo tuviera el peor juego de mi vida, me decía: «Me gustó como jugaste. Puedes mejorar, pero me gustó como jugaste.» Me lo decía tocándome el hombro izquierdo y mirándome a los ojos.

— Pero tío, jugué como una mierda —, le decía.

— No te preocupes. Si no jugaste bien hoy, jugarás mejor mañana. Tranquilo, mijo, que mañana es otro día — me contestaba.

Narrador

"Lo logró, lo logró. Un doble de Roberto Clemente. Contra el lanzador Jon Matlack. Como él lo quería. Limpio, completamente…"

El hit número 3,000 de Roberto Clemente no hubiera sido el mismo sin la voz de *Felo*. Narró el hit histórico sin titubeos, con la emoción nivelada para poder transmitir lo que se debía recibir: un momento de gloria. Recordarme de *Felo* Ramírez es acordarme de la historia del béisbol y de sus representantes caribeños.

Narrar un juego de béisbol no es fácil. Inténtelo usted, vamos, con cualquier juego de béisbol. Yo no duro ni un minuto narrando con elocuencia. Es tan difícil como batearme de jonrón con el sinker de 82 mph que le lanzo a los que creen resolver las cosas con un batazo. Existe una infinidad de detalles que al narrador no se le pueden escapar. Se deben conocer muchas cosas, entre ellas, los fundamentos y reglas del juego, la historia de los jugadores, de los equipos, sus estadísticas, y siempre tener algo que decir al momento de una situación de demora o algo parecido. Y para tener algo que decir en esos momentos, se debe ser un artista de la improvisación. Es incomodísimo cuando surgen esas pausas casi eternas. Es como quedarse en el limbo. El espectador jamás debe preguntarse si se ha ido la señal, y jamás debería levantarse a darle unos cantazos a la radio o al televisor. Se admira a quien lo hace bien. A quien no nos deja en la incertidumbre, y nos permite quedarnos donde estamos, cómodos, escuchando, o escuchando y viendo el juego.

El narrador es el único ser sobre la faz de la tierra que tiene la potestad de cambiar el panorama de un juego aburrido. Con *Felo* pasaba eso. Podías estar viendo el juego con menos acción del mundo, pero con él en los micrófonos se convertía en un juego con otra dimensión, con otra expectativa. Su tono de voz incomparable, agudo, con autoridad sobre lo que estaba diciendo le valía para que nadie lo cuestionara. Si lo dijo *Felo* Ramírez, es verdad. Así decían todos. No porque se fuera ignorante, sino porque lo que decía estaba en una estadística, en un reglamento, en una conversación, en una grabación, en algo estaba. Se ganó una buena fama de erudito. Verlo en la cabina de transmisión era ver la diversión en carne y hueso.

¿Qué sienten los narradores cuando entran a la cabina? ¿Qué hacen antes de comenzar la transmisión? ¿Rezan, cierran los ojos y respiran profundamente, o simplemente encienden el micrófono? Es un misterio.

En una novena entrada, empatado a 0, las bases llenas, 0 outs, en el montículo el mejor cerrador de la liga, en la caja de bateo el cuarto bate, y en el juego siete de la Serie Mundial, el narrador tiene que saber dónde está metido. Tiene que manejar la tensión colectiva con maestría. No puede hablar de otra cosa, como por ejemplo, de que Ishiro Susuki podría ser el jugador más valioso de la liga americana porque en 704 turnos al bate, en 161 juegos de la temporada regular bateó 262 hits, con un promedio de bateo de .372. Es magnífico, pero no puede hablar de otra cosa que del momento que se está viviendo, de los rostros de los dirigentes y de los jugadores que están en juego. Un desliz puede provocar que se pierda la magia, y muchos querrán verle la cabeza en el piso.

A través de una narración de calidad, respetando a los fanáticos de ambos equipos, los nervios se ponen de punta, algunos se comen las uñas, se tapan los ojos, la boca, se entrecruzan las manos, se ponen la gorra al revés; otros se abrazan, rezan, hacen ejercicios para la pantorrilla, y unos pocos sonríen porque están borrachos y no les importa quién gane.

Lo mismo pasa en otros deportes. Por ejemplo, escuchar a Manuel Rivera Morales es escuchar el folklor de una cultura que adorna y mistifica a sus héroes deportivos.

Sin duda, la narración de *Felo* Ramírez en las Series del Caribe era una oportunidad para aprender de un béisbol de alto nivel y que ha dejado su impronta duradera en las Grandes Ligas. El béisbol invernal del Caribe es el más caluroso de todo el planeta.

23

Felo lo sabía. Y sería más caluroso si Cuba, Nicaragua, Colombia, Panamá y Curazao participaran.

Invernal

Tambores, trompetas, panderetas, pitos, cornetas, jolgorio... Se emplean una serie de artilugios que se inventan y se reinventan, que aparecen y desaparecen. No somos sosos. Para nada. Es lo último que podríamos ser, y no lo vamos a ser. En el béisbol invernal nadie se queda dormido, aunque quisiera. El estadio vibra, se sacude de lado a lado. Está hecho a prueba de aburridos y de silencio. El celular no hace falta, solo la cerveza fría, el ron caña para pisar... y el ruido. Mucho ruido.

Los locales con los locales y los visitantes con los visitantes. Es peligroso mezclarse, y más cuando el batazo saca la bola por encima de la valla. Si te alegras donde todos se alegran, estás a salvo. Si te molesta donde todos se alegran, no estás a salvo, y debes cuidarte, que te estarán velando. Es el reglamento natural de los fanáticos. Nada está escrito. Cada estadio tiene su ley. Y no hay tribunal estatal ni federal que determine nada. Es otra liga.

El béisbol invernal es una fiesta. Todos cantan, bailan, sufren, ganan y pierden. Algunos gritarán al acabarse el partido, ¡Ganamos! ¡Eso es! Otros se lamentarán ¡Perdimos! ¡Carajo! Otros, los menos, dirán, No importa, me lo gocé. No todos quedarán satisfechos. El Caribe no permite tal cosa. Pero siempre habrá algo qué contar, bueno o menos bueno. Siempre habrá algo para llevarse en los bolsillos de la memoria.

La memoria, esa que a veces le gusta jugar como si supiera de béisbol, me hace revivir aquellos encuentros donde me gritaban de todo. En México, horas antes de empezar la Serie del Caribe, una dama elegante, guapa, se acercó muy seria a la mesa del restaurante donde estaba comiendo unas enchiladas con cerveza junto a unos compañeros de equipo para decirme:

— Ojalá Dios permita que la cerveza le dé dolor de estómago para que no pueda lanzar hoy.

La gente alrededor se echó a reír. Yo también, por supuesto. Luego le respondí rápidamente, antes de que se fuera, en tono jocoso:

— Dios no sabe que existo. Lo siento.

La gente alrededor volvió a reírse, pero no de la misma forma. Están acostumbrados a que Dios castigue, no que sea ignorado. Fue el mejor juego de mi vida. Bueno, no el mejor, porque he tenido innumerables juegos excepcionales, pero creo que ha sido uno de los mejores. En 8 entradas pegaron 4 hits y 0 carreras. No di pasaporte gratis. Al empezar la octava entrada había hecho 71 lanzamientos. Decidí quedarme una entrada más para molestar, solo un poco, a la dama seria del restaurante. No, es mentira. La verdad, lo hice porque representar a Puerto Rico o a un club puertorriqueño a nivel internacional es importante, es único, es otra sensación, es otra categoría. Si tengo que lanzar 10 entradas, las lanzo. Si tengo que realizar 111 lanzamientos, los lanzo. Por Puerto Rico no tengo problemas.

En República Dominicana me aman y me odian a la misma vez. Es raro. Creo que me odian primero y luego me aman. Puerto Rico y República Dominicana poseen una rivalidad deportiva fructífera por muchos años. Ambos países han aportado al béisbol de las Grandes Ligas un juego con color, agradable, vistoso, y nombres que están y estarán en el Hall of Fame de Cooperstown.

«Oye, tiguerazo, nos jodiste ayer. No llegamos ni a segunda base, balbarazo.» El dominicano llora riéndose en cuestiones deportivas, al igual que los puertorriqueños. Celebramos las victorias y las derrotas como si fueran hermanas amorosas. Al sacar cuenta, no nos importa tanto el resultado. Nos importa cuánto bebemos y jodemos durante y después del juego. Sabemos que somos buenos en el béisbol. Lo sabemos. Eso nos ayuda a amortiguar el golpe. Decir «No faltó ná pa' ganarno a eso cabrone, puñeta», o decir «No faltó ná pa' ganarno a eso palomazo, mamacoñazo, coño»… ese es el alivio.

En Venezuela sucede algo extraño. No me hablan. No existo para ellos. Es posible que mis vaticinios no les agraden. Pero, ¿quién juega para perder? Creo que todo empezó cuando una vez, previo a un partido, le dije a un reportero de un canal de la televisión venezolana que no le veía ninguna oportunidad al line up que presentaban de anotarme una carrera. El reportero, desencajado por el comentario, mencionó algunos nombres que él entendía representaban una amenaza para mi noche monticular, a lo cual yo le respondí que se equivocaba.

— Para otros lanzadores sí representan una amenaza, para mí no. En las tres Series del Caribe corridas que llevo, nadie, escucha bien, nadie, me ha anotado una carrera. Hoy no va a ser la excepción. Lo siento —, respondí.

Barrieron el piso conmigo en la televisión y en los periódicos. Fui tildado de arrogante, antipático y no sé qué más. Claro, dije lo que dije en un tono no muy amable que digamos. La realidad, no tengo buena relación con la mayoría de los periodistas. Siento que invaden mi privacidad. No puedo guardar nada. De todo quieren preguntar. Tengo que hablar aunque no tenga ganas. De lo contrario, estoy siendo hostil con el periodismo. Si soy sincero es malo, y si miento es el doble de malo. Ante ellos no puedo ser yo. Necesito múltiples máscaras. Un problema con un periodista, el significado es que no eres buena persona. No tienes break.

«No le hables, que es un malcriao. Te puede salir de atrás pa' lante. Esa gente es así. Mira, muchacho, échate para acá que ese tipo no te va a firmar nada, es un malcriao.»

No culpo quien piense así de mí. Está bien. Es parte del circo.

Los japoneses me odian. Ellos no juegan la Serie del Caribe, pero me odian. No es un invento. Me lo dijo un compañero en San Luis que es japonés.

—Sabes que te odian en Japón.

—¿Por qué?

—Porque hablaste muy mal de Hideo Nomo y de Hideki Irabu en una entrevista.

—Solo dije mi opinión. Me tiene sin cuidado los que ven como sinónimo las palabras opinión y verdad.

No dijo nada. Me miró por varios segundos y se marchó. Pensaba que me iba a disculpar, o a decir que lo sentía. Ni me tengo que disculpar ni lo siento tampoco.

El béisbol invernal, de invernal no tiene nada. De infernal, un poco. Un poco no, bastante.

Siglo 21

El siglo 21 es el de las series. Lamentablemente. No sé cómo la gente les tiene tanta paciencia. Seguir una serie por más de cuatro temporadas es algo descomunal, masoquista. Es tan lenta la cosa, que la idea de que la gente en esta sociedad de consumo e incultura vive con prisa tambalea. Cómo se va a tener prisa cuando se pasa tanto tiempo viendo una serie que dura años. No es normal. Más que el tiempo que la gente pasa viendo una serie, es la emoción con la que se traduce el perder el tiempo, lo que me hace pensar que algo no va bien, que algo está pasando en las mentes humanas. Algo tendrá la comida, el aire, la ropa. Quién sabe. Vuelvo y repito, no es normal que la gente sea tan estúpida. *24, House of Cards, The Walking Dead, Games of Thrones, How to Get Away with Murder...* No, no, no... Lo normal sería que hubiera huelgas por lo largas que son. No me jodas. Y encima de todo eso, la gente tiene que esperar entre temporada y temporada casi un año. No da risa, pero me río. Conmigo, si una serie tiene más de tres temporadas, se jodió. No tengo la paciencia necesaria, por no decir la insania necesaria, para sentarme por tanto tiempo frente a un televisor, tableta o Smartphone. Prefiero las películas. No más de dos horas y media, y ya, se acabó. Imagínate ver una serie en el cine. Definitivamente, una catástrofe.

La última película sobre béisbol que vi fue *For Love of the Game*, con Kevin Costner. Por supuesto, que de Kevin Costner me gustaron más *Tin Cup, The Postman* y *Mr. Brooks*. Pero no está mal. Billy Chapel, el personaje que encarna Costner, se parece un poco a mí. Claro, no en el sentido beisbolístico, sino en el sentido de las relaciones amorosas. Porque en el sentido beisbolístico soy superior a él. Yo nunca he perdido más de seis juegos por temporada. Ni los perderé. No se hagan ilusiones, por si ya les caigo mal. Las relaciones amorosas para mí resultan discontinuas. No tienen esa estabilidad que se necesita para ahondar en los sentimientos de la otra persona. Es difícil mantener una relación cuando se viaja y se entrena constantemente. El tiempo es mínimo para compartir antes y durante una temporada en las Grandes Ligas. Se tiene que ser fuerte, y yo no lo soy. Soy un tipo débil, muy débil. No perdono a las chicas negras, llenitas, bemboncitas, nalgonas y tetonas que se me acercan a pedirme un autógrafo. Tampoco a las chicas blancas, flacas, rubias y tetonas. No puedo, lo siento. La verdad, no perdono a ninguna.

Volviendo al tema del cine. Una de las mejores películas que se han filmado sobre béisbol es *Moneyball*. El gerente general de los Oakland Athletics, Billy Beane, interpretado por Brad Pitt, y el economista Peter Brand, interpretado por Jonah Hill, ponen en práctica unas teorías de estadísticas matemáticas y de probabilidades, osadas y antipáticas. Nadie en el equipo los apoya. Piensan que están locos y en gran medida es así. Todo lo establecido como lo que "funciona" en el béisbol se cuestiona. El filme deja al descubierto que no todo es dinero a la hora de ganar.

Dinero

Si no tuviera el talento para el béisbol, lo más probable sería un empleado asalariado, adoctrinado y enjaulado en un cubículo en donde no puedes hablar en voz alta, con una computadora lenta y post-it por todos lados. O estaría en un cuarto manufacturando productos que se venden carísimos para una compañía que obtiene ganancias estratosféricas a costillas de los trabajadores que no pueden escapar de subsistir bisemanalmente. Soy un privilegiado por el solo hecho de la solvencia económica gracias a las multitudes de fanáticos que compran boletos, hot dogs, popcorn, refrescos, cervezas, gorras, posters, llaveros, tablillas, banderas, relojes, ataúdes, toallas, tenis, muñecos, carcasas, carteras, medias, dvd´s, blue rays, juegos de sábanas, bolígrafos, loncheras, mochilas, vasos, copas, tazas, can coolers, sillas de playa, stickers, sombrillas, camisetas, chaquetas, video juegos… Nos ven por televisión, en streaming, online… A pesar de que recibo un salario multimillonario (sí, un salario) no puedo escapar de las doctrinas y de sentirme enjaulado por unos procesos y unos contratos que te convierten en propiedad de un grupo de personas poderosas. Todos estamos en el mismo barco. Unos con camarote con vista al mar y balcón, comiendo langostas, vegetales a la plancha, caviar ruso con tostadas de pan y crema agria y bebiendo vino. Otros con camarotes al lado del cuarto de máquinas, comiendo alitas de pollo, papas fritas con kétchup y bebiendo soda.

Lo tengo bien claro. Aceptar un salario de parte de un grupo de empresarios y accionistas billonarios es conformismo. Es sencillo. Si sacamos los números en la proporción de lo que ellos devengan de nuestro trabajo, las diferencias son abismales. La palabra conformismo puede que moleste viniendo de un millonario. Pero si analizamos con mente fría verán que no me alejo de la realidad. Es conformismo también el tener que aceptar un salario de un empresario pequeño o mediano que gana más de cien veces lo que tú ganas, y tú haces el trabajo por el cual te paga y por el que se supone haga él. Es conformismo en ambas direcciones. ¿Qué vamos hacer? ¿Una revolución? Las revoluciones se acaban con un aumento de salario, sea el salario de un millonario, o sea el salario de un explotado más visible. No soy un economista. Pero intento describir lo que estamos viviendo. Es evidente que José Caraballo Cueto o Thomas Piketty, que son conocedores de temas económicos, pueden explicar mejor que yo todos estos conceptos. Tengo mis limitaciones, aunque no lo crean.

No soy de los que presumen tener dinero para lujos. Por lo tanto, no sigo las tendencias de los supuestos expertos en arte que no son otra cosa que asaltantes a mano desarmada, para comprar escaleras rojas de madera, porque es la tendencia del verano, del otoño, de la primavera o del invierno, o porque fulano tiene una colección de tal artista, o porque la mierda reciclada se está cotizando más que el oro. Nada de eso va conmigo. No voy a subastas de arte contemporáneo, y mucho menos, a subasta de vinos. Las invitaciones y catálogos llueven en mi correo. Jamás tiraré el dinero comprando una botella de vino a $11,000, cuando algo parecido puede costar en cualquier supermercado alrededor de $30. Menos tiraré el dinero por una instalación de cubetas plásticas de diferentes colores, colocadas en forma de montaña, la cual tiene la intención de representar las sequías, o la falta de agua en regiones vulnerables. Tampoco en cuadros negros con un círculo blanco en el centro que intenta representar una protesta en contra de la guerra de Vietnam. Sí, así es, en contra de la guerra de Vietnam en pleno siglo 21. Es raro no ver nada, absolutamente nada, que represente el holocausto iraquí a manos de un capitalismo criminal cubierto de una aspiración de democracia a fuerza de balas y bombas. La democracia en su fiel definición es una utopía. La democracia hoy día es una utopía mundial. En la isla de donde provengo, es el triple de utópico. Aman más a los partidos políticos que a su patria.

Tengo mis vicios. Algunos caros. Pero son vicios que tienen argumentos sólidos y poco espacio para debatirlos. Creo yo. Uno de ellos es que me gusta comer bien, pero no me gusta ir a los restaurantes. No es para mí el tener que soportar la espera o las equivocaciones de un mesero que no necesariamente es un inepto, sino que puede estar pasando un mal día, puede que esté enfermo o pasando por un problema que no sabe cómo resolverlo. Repito, detesto tener que esperar por un mesero a que me traiga lo pedido, y mucho menos no ver cómo prepararon mi plato. Los únicos restaurantes que soporto son los que tienen teppanyaki, y los que cuya cocina no es ajena al comensal como la de Schilo Van Coevorden, en *Finca Cortesín* en Casares; y la del chef Tomasz Baranski, en el restaurante *Donostia* en Londres. Por eso tener un chef particular que confecciona sus platos en mi cocina y ver cómo lo hace es un lujo que me gasto. Comer fresco, al instante, en su punto, es importante. La comida se saborea al máximo, y sientes que te nutres de una forma delicada. Comer en la comodidad de la casa un cangrejo de caparazón blando agridulce o un bacalao a la portuguesa es lo más próximo a la gloria.

Dirán que soy un comemierda. Que tener un chef particular es para aparentar. No aparento. Los amigos y compañeros de equipo, la mayoría de ellos, tienen más dinero que yo. Cada vez que van a casa se meten a la cocina y hacen "escante". No necesito un chef para esos salvajes. Y cuando no cocinan, pedimos pizza. A mi padre y a mi madre, las pocas veces que los veo, les pago un hotel y les llevo a un restaurante. Es raro, pero ha pasado que a una que otra amiga, si estoy de buen humor, la invito a la casa para que me acompañe a la mesa. El chef es únicamente para mí. El que tenga un chef particular no significa que todo lo que como son platos de la llamada *grande cuisine*. No. Me fascina comer guanimes con bacalao guisao, pasteles de yuca con carne de cerdo, pasas, aceitunas (sin hueso) y garbanzos, bistec encebollao, sopa de rabo de buey, sándwich de tripleta, chuletas can can, salmorejo de jueyes con arroz con coco, mangú con aguacate, queso frito con salsa de guayaba, arepas venezolanas, tacos al pastor, bandeja paisa, ropa vieja con arroz congrí, gallo pinto... Son comidas que no te llevan a la gloria, te llevan más allá.

«Si no existiera la cocina, estuviéramos muertos o casi muertos.», me dice el chef. Porque también hablamos. Es importante conocernos y comprendernos para comunicarnos con efectividad, para que él entienda los límites de lo que debe prepararme y yo lo pueda disfrutar. Me habla de lo actual en la alta cocina. Recientemente estuvimos hablando de la cocina de los restaurantes *Cosme* y *Aponiente*. Por cierto, exquisita. Se puede decir que somos amigos. Se crea un vínculo cuando de la mano de otra persona recibes cosas buenas. Comer es necesario e indispensable. La cocina es cosa del ser humano, no únicamente de la mujer o del hombre. Estoy convencido de que ese lugar es uno especial, es uno de encuentro con los recuerdos, con lo que nutre, con lo que se saborea y con lo que se desea. La cocina es una especie de templo de la creatividad. De una creatividad que une y logra saciar el hambre.

Otro vicio: las cartas. Colecciono cartas de béisbol desde que estaba en la escuela superior vocacional del barrio Campo Rico de Canóvanas. De ese tiempo tengo una Electric Diamond de Upper Deck de Bernie Williams, una Donruss Rated Rookie 1994 de Carlos Delgado, de Edgar Martínez, Juan *Igor* González, Carlos Baerga, Benito Santiago, José Valentín, José Vidro, Joey Cora, Jorge Posada, Bobby Bonilla, Ricky Bones, José *Chevel* Guzmán, Jaime Navarro, Danny Tartabull, Andrés Galarraga, Ozzie Guillén, Manny Ramírez, Nomar Garciaparra, José Rijo, Lenny Dykstra, Ken Griffey Jr., Frank Thomas, Ozzie Smith, Kirby Puckett, Scott Rolen, Tim Salmon, Doug Drabek, Curt Schiling, Tom Glavine, Devon White, Joe Carter, John Olerud, Orel Hershiser, Cal Ripken Jr., Kenny Lofton, Garry Sheffield, Rafael Palmeiro, Barry Bonds, Mike Mussina, y una Donruss 90's Dominators Batting Average de Tony Gwinn. Con el correr de los años he ido agrandando la colección con joyas que no voy a mencionar. Todas las tengo en un lugar especial, secreto, con todas las condiciones ambientales para que no se deterioren. Coleccionar es algo muy difícil de explicar. Es algo extraño que asienta bien en el ego. No sé si se deba a una sensación de poder, de admiración por jugadores que trascendieron en el juego o de darle valor al tiempo, a un instante que no volverá. Las cartas tienen la capacidad de hacerme retroceder en el tiempo. Son una máquina del tiempo. Me transportan a una época cuando se sentían otras cosas, y a recordar amistades que ya no están o no las he vuelto a ver. También tengo de baloncesto, varias de Muggsy Bogues, un jugador de cinco pies y tres pulgadas, toda una maravilla. Era y sigue siendo, creo yo, el jugador más pequeño en jugar en la NBA. Tengo de Arvydas Sabonis, Tim Hardaway, Anfernee Hardaway… y otras pocas más. Nunca pude conseguir, cuando me interesaba, una de Manute Bol, un jugador sudanés que medía siete pies y siete pulgadas y que murió en 2010.

Coleccionar fotografías es otra de las aficiones que me cuesta un billete, y a veces duele. Voy a todas las exposiciones que puedo, en y fuera de los Estados Unidos. La fotografía es un arte congelador. Un arte, como todas, de la imaginación, pero totalmente inmerso en la realidad. La afición llegó gracias a una joven amante que tuve. Hermosa. De padre indonesio y madre nigeriana. Era fotógrafa de la MLB a tiempo parcial. El otro tiempo se lo dedicaba a tomar fotos de gente caminando a cualquier lugar con sus rostros empañados, y de las manos ejerciendo alguna acción. Las exhibía, antes de mudarse, en varias galerías especializadas en fotografía en Los Ángeles y New York. Llegó a exhibir también en varios museos de San Luis y Seattle. Hace mucho que no sé nada de ella. Abandonó la relación sin claridad. «No puedo seguir contigo. Y lo peor, no sé por qué. Gracias por tu amor.» Así terminaba la nota escrita en un papel blanco, arrancado de una libreta con la mano y pillado por una esquina con una botella de vino vacía. Vacía, por ella y por mí. Una botella que ayudó a que tuviéramos una noche que hace que se me paren los pelos. Creo que la amaba. Si ella me amaba no importa. Di lo que se debe dar: respeto, silencio para escuchar, y muy raro en mí, dos ojos solo para ella.

En la temporada muerta en las Grandes Ligas viajábamos a muchos lugares para ver exposiciones de sus amigos y de otros artistas profesionales. No se limitaban a galerías y museos. Exponían en las plazas, en las universidades, en las escuelas, en las alcaldías, y hasta en las cárceles. En esos lugares ampliábamos el conocimiento para entender lo que es la fotografía, sus dimensiones, y su utilidad para la comprensión humana. Aprendí todo lo que sé gracias a sus amigos y a ella. Cuando hablaba de fotografías parecía que estaba recitando un poema. El tono de la voz le cambiaba, era cadencioso, lindo. Se le entendía todo. Yo admiraba su pasión, no me quedaba de otra; me contagiaba. No estar con ella me duele. Por qué negarlo.

Conocí a un escritor amigo de Soana, mi ex amante o mi ex novia, en una exposición en una cárcel donde él impartía un curso de creación literaria. Tenía ese aire de que lo sé todo y tú estás a mi merced. Algunos de ellos, los escritores, se creen los dueños de la verdad, de que son los únicos que la pueden decir y traducir.

Me da risa. Arrogantes poseídos de un delirio de grandeza que no les va. Por favor, solo escriben palabras. Al preguntarme si me interesaba la literatura, le ensarté inmediatamente una cita de Ricardo Piglia, que dice más o menos que la literatura construye la historia de un mundo perdido. Al escuchar de mi boca tal cita, de un escritor argentino, no norteamericano, canadiense o europeo, que probablemente no conocía, le cambió el semblante. Creía que yo solo lanzaba una pelota y era millonario y de ahí en adelante, nada. La conversación siguió pero con otra tónica, y luego con otros temas. Le gustaba el béisbol y su historia. Dijo que era fresca, hermosamente fresca, porque aun la vivimos. Habló del relevista Willie Hernández y de lo que hizo en 1984. «Ustedes los puertorriqueños tienen una historia muy rica en el deporte», dijo señalándome a modo de halago.

No sé cómo salió el tema. Soana ya nos acompañaba. Hablaba de algo que consideraba importante; que un escritor comprometido si lo único que hace es escribir, no está comprometido.

— Antes de marcharme les dejo con esto —, nos dijo. «Trabajamos en la oscuridad… Lo hacemos lo mejor que podemos y entregamos todo lo que está en nuestras manos. La duda es nuestra pasión, y a esa pasión nos dedicamos con ahínco. El resto corre de cuenta de la locura del arte.»

— Es una cita de Henry James — continuó. —Aplica de cierta forma al deporte, Javier.

Luego de despedirse y de casi llegar a la salida, se detiene por dos segundos, para regresar a nosotros a paso lento.

— Javier, una última cosa. Si viene un extraterrestre a la Tierra, que tenga la capacidad de comunicarse con el humano y no verlo como un gusano, que no lo subestime, y quisiera saber de Puerto Rico a través de la literatura, ¿a quién le recomendarías?

— A Ana Lydia Vega y Tina Casanova — respondí.

La fotografía transgresora es la que logra atraparme del todo. Tiene el ingrediente secreto para evocar emociones fuertes. El arte transgresor vive en el límite, en la frontera, en el borde del precipicio que nos han impuesto. Ver a una mujer negra con la indumentaria de un papa, un cayado color oro en forma de cruz en la mano derecha, los labios pintados de un rojo intenso, y frente a ella, decenas de hombres desnudos arrodillados, con la espalda erguida, el rostro inclinado, y todos menos uno, agarrándose el pene. Sin duda, es una muestra potente. Ver dos cuerpos desnudos con máscara, uno con la de Simone de Beauvoir y el otro con la de Jean Paul Sartre en la posición sexual Surf's Up es algo complicado, atrevido y que da mucha risa. No todas las fotografías que quiero las puedo comprar. Y eso me enfurece. Llegar tarde, o que el artista no desea venderla sino solo exponerla porque tiene un significado invaluable. Eso, eso no sé si es justo. Existe una en especial que quise. Que realmente quise, quiero y querré. Es la de una dama de setenta y cinco años, delgada y triste, abrazada a una joven de veinte años obesa y alegre. Enigmática. Tiene varias tonalidades de azul y gris que nunca había visto. Una gran foto.

Raro. Muy raro. Tengo un amigo beisbolista que colecciona películas. No las colecciona por coleccionar, sino para verlas todas para cuando se retire. Menos las joyas. Las ediciones especiales y las que supuestamente están perdidas para siempre. Esas se quedarán empacadas e inamovibles. Yo le digo que se va a pasar todo el retiro viendo películas. Que es un pendejo. Él me dice: ¡Qué se joda!

Todos los años dono el 25% de mi salario a entidades benéficas. Es una especie de diezmo que le ofrezco a la humanidad. No lo utilizo como las autoridades eclesiásticas para mantener a un pastor o a una pastora, cuya función principal es motivar a sus feligreses para que no dejen nunca de tener fe, porque sin fe no somos nadie. Cosa extraña. Creo que sin fe ellos, los pastores y pastoras, no pueden mantener una vivienda de lujo, carros europeos y ropas de diseñador, y mucho menos, costear las utilidades de un templo que le daría de comer, vestir, y educar a miles de personas necesitadas. Conociendo los preceptos de Jesús su salvador, y las actuaciones de éste en una época de poco conocimiento, cuando la mayoría de la gente no sabía leer ni escribir, es un hecho que no predicaba en palacios, en edificaciones ostentosas, sino en los montes, en las calles, en las sinagogas, donde el que quería escuchar lo hiciera sin tener que abrir una puerta ni soportar las miradas con aires de sorpresa y sospecha. Creo que con una carpa hoy día es suficiente para reunirse a alabar a cualquier dios.

Cambiando el tema. Es una vergüenza ver a los deportistas y a las llamadas celebridades grabándose al momento de hacer el bien. Me imagino que pensarán: Miren lo que hago. Qué bueno soy, reparto mi pan. Grábenme, por favor. Miren como cargo este niño en mis brazos. Miren el juguete que le doy, miren, miren… Miren donde me meto, en una barriada, en un caserío… Miren como beso a la viejita. Qué bueno soy…

Si mi mano izquierda se entera de lo que hace la derecha no es misión cumplida. Es mercadeo cumplido. Publicidad cumplida. ¡Son unos imbéciles!

No voy a revelar las entidades que ayudo. Lo que sí voy a revelar es que tengo todo lo que necesito. Techo, transportación, comida, ropa, calzado, comodidad, premios, sexo, entretenimiento, la admiración de unos cuantos fanáticos y una pensión asegurada. También un helicóptero y una avioneta. Me gusta volar. No me gusta el mar. No es que no me guste, es que no me gustan las lanchas, los yates y todo eso que tiene que ver con pasarla bien en el mar. Sí me gusta contemplarlo. No permite el límite. Me gusta esa sensación de lo inacabable.

Fanáticos

Dos outs marcados en la pizarra. Tercer bateador dominado con 0 bolas y 2 strikes. Se ponen de pie antes de yo lanzar la pelota y el posible strike 3. Silban, aplauden y gritan con todas sus fuerzas. Me animan. Quieren acción. Quieren el tercer strike y el tercer out. Quieren un ponche. Quieren ver al bateador frustrado irse al dugout.

Fanáticos como esos son los que me hacen disfrutar el juego. Esos fanáticos son los que hacen que me enfurezca cuando su victoria se ve amenazada.

Me lo disfruto cuando escucho ¡Javier, poncha a ese cabrón! Strike out, please! ¡Dale, vamos, vamos! Come on, come on! Cuando las chicas me gritan ¡Eres el mejor, mi amor! You're the best, baby! ¡Dale, papi, por favor! ¡Pónchalo, bebé!

Pero lo más que me llega al alma es cuando me gritan lentamente: ¡Da-le-bo-ri-cua-pu-ñe-ta!

Una vez un fanático como de dieciocho años quería hacerme una entrevista para su canal de YouTube. Cuando me preguntó si podía hacerme algunas preguntas y grabarlas para su canal, mi contestación le sorprendió.

— Es que todos me han dicho que no — me dijo. — Pero siempre pregunto, uno nunca sabe.

— No hay problema. Hagámoslo, que se joda — le contesté. El joven se echó a reír.

La primera pregunta fue si yo odiaba a mis rivales, por la forma en que los miraba a la hora de lanzar.

— Sí. Pero no es un odio permanente. Es un odio momentáneo, deportivo, si cabe el término. Antes de lanzar miro al bateador a los ojos. Le digo con la mirada que no tengo miedo, y que lo voy a joder. Intento intimidarlo. Nolan Ryan seguía con la mirada la trayectoria de la pelota. Yo no miro la pelota. Yo miro la cara de mi enemigo en el área de home play y su frustración al no pegarle.

— Sabes, Javier, me gusta tu estilo y la manera de reaccionar cuando no te salen bien las cosas. Mueves la cabeza como diciéndote que no, estiras los labios enseñando los dientes, escupes el suelo, te quitas la gorra para secarte el sudor, y luego golpeas el guante con coraje. Eres diferente a otros pitchers, que ocultan sus emociones al equivocarse. No muestran nada para que el espectador no pueda crearse una idea clara de lo que le pasa. Puede que sea una estrategia no verse vulnerable, pero a ti verte vulnerable despierta que seas el doble de peligroso para los que pretendan batearle a tus lanzamientos.

— Es mi forma de quitarme presión. De relajarme. De volver al control. Por lo que veo, has hecho un estudio minucioso de mis movimientos y reacciones. Si estudias periodismo vas a ser uno de categoría, — le respondí.

— Pero a mí me gustaría ser un pitcher como tú. Si no lo logro, el periodismo es una alternativa. Otra pregunta. Cuando el árbitro canta el tercer strike, te enfureces de alegría. Es la única manera que lo puedo explicar. ¿Por qué?

— Actuar así es algo natural, me conecta con el objetivo que es ganar. A la gente le gusta el lanzador de fastball. Está bien. Es emocionante ver esos lanzamientos, o no verlos, es parte de la magia. Ver un lanzamiento de Roy Halladay o de David Price es no verlo. A eso me refiero. Yo prefiero la colocación, los lanzamientos rompientes y los cambios de velocidad. Colocar la pelota en las esquinas, en los bordes de la zona no lo puede hacer cualquiera. Se requiere control y precisión. Es lo más virtuoso por lo indescifrable. Gano muchos juegos porque los bateadores no pueden adivinar a dónde irá a parar la pelota. Además, mi brazo sufre mucho menos. La mayoría de los lanzadores a los que les practican la cirugía Tommy John son lanzadores de fastball y de curvas. Yo no quiero pasar por eso. Lo evito a toda costa. A veces se pierde hasta una temporada completa en el mejor de los casos, — expliqué.

Como el fanático youtuber me cayó bien, continué respondiendo.

— En las pequeñas ligas un dirigente intentó disuadirme para que lanzara fastball constantemente y bolas curvas. Mi tío, que sabía muchísimo de béisbol, me dijo que nunca, pero que nunca lanzara bolas curvas hasta los 16 años, y si quería lanzar fastball, lo hiciera con moderación, porque no me hacía falta para dominar. No sé qué le dijo mi tío al dirigente, pero no volvió a disuadirme de tal cosa. Luego de 80 lanzamientos el dirigente me sentaba, y me daba descanso por un mínimo de 4 días. Si le insistía, me decía enfáticamente que no podía por el reglamento. Más bien era por mi tío, que era de mecha corta. De mi tío aprendí a cuidarme, a ser un exagerado con el conteo de lanzamientos y con los días de descanso. En fin, a seguir nuestro reglamento. ¿Ya ves? En esos juegos donde lanzo curvas constantemente, lo hago porque los bateadores de peligro de esos equipos en particular no han podido descifrar cómo pegarle con efectividad de acuerdo a las estadísticas. Por lo tanto, si lanzar curvas va a lograr que yo gane el juego, las voy a lanzar. Pero, eso no va a suceder en todos los juegos. Es importante sentarse a analizar a los jugadores contrarios con el grupo de trabajo para establecer la estrategia y táctica correspondiente. Aunque tenga que sacrificar un tanto el brazo.

— Javier, muchas gracias por tu tiempo. Para terminar, quería decirte que siempre eres el primero en llegar a brindar autógrafos y selfies, y eres el último en irte. Respetas al fanático y lo tratas como familia. Te queremos.

— Gracias a ustedes por estar aquí apoyándonos ganemos o perdamos. El bendecido soy yo. Sin duda.

Lo abracé y le regalé una gorra conmemorativa de pocas tiradas con mi firma. Por poco llora. Esas son las añadiduras que me gustan del béisbol, el contacto con la gente y el recibir sus consejos tan valiosos.

A veces creo que los fanáticos no saben lo importante que es para mí el que yo levante la gorra roja en señal de que los amo a todos por estar ahí en el momento en que los necesito cuando voy camino al dugout.

Redes sociales

Las redes sociales reflejan que los famosos, como yo, no son tan diferentes a la gente común. Los programas de chismes equivocadamente los colocan en lugares inalcanzables. Para ellos los famosos sienten, piensan y cagan otras cosas. Sí tienen casas enormes, carros costosos y mucho dinero, pero algunos suelen ser tan tontos como todos los demás tontos. E incultos, que es lo peor. Se dedican a tirarse selfies a cada quince minutos en el gimnasio, en una fiesta, en la casa, cuando van a dormir, cuando bailan, cuando ríen, haciendo muecas, sacando la lengua, etcétera, etcétera, etcétera. Es posible que quieran mostrar a cada quince minutos lo alegres y divertidos que son. Algunos de ustedes pensarán que yo los envidio por tanta espontaneidad. No me parece. Me parece que son unos ridículos. Es una simple opinión, nada más. No me malinterpreten.

En estos casos siempre existe una contraparte; gente con estilo, con curiosidad y con avidez de adquirir diversas experiencias. Son los raros, como yo, aunque realmente no tienen nada de raro, por el contrario, son los más normales, y ahí estriba la rareza. Pau Gasol es uno de esos casos normales. Es hermoso verle mostrar el libro *El bar de las grandes esperanzas*, de J.R. Moehringer en Instagram, con el hashtag: siempre leyendo (#SiempreLeyendo). Es doblemente hermoso ver a Julieta Venegas encantarse con libros, como por ejemplo: *La isla de Arturo*, de Elsa Morante; *El desierto y su semilla*, de Jorge Barón Biza; *Umami*, de Laia Jufresa, entre otros. ¿Saben quién es Emma Watson? Sí, la de Harry Potter. Ella no tan solo lee, sino que deja libros en las estaciones del tren, en cafés, en parques y otros lugares concurridos por la gente. Qué difícil es encontrar gente famosa que lea literatura, porque hay algunos que sí leen, pero libros

41

como: *Piense y hágase rico, El arte de hacer dinero, A veces se gana, a veces se aprende, ¡El cielo es tan real!*, etcétera, etcétera, etcétera.

Una vez me pregunté «¿Para qué sirven los libros?» Después de cavilar por un tiempo, me acordé de dos libros: *Lo que no tiene nombre*, de Piedad Bonnett; y *Paula*, de Isabel Allende. Dos madres, dos hijos muertos, dos catarsis, dos libros para entender e intentar sobrellevar grandes pérdidas. Cuando se escribe desde el dolor y la memoria, suceden cosas que nos permiten conocernos mejor, conocer al otro y construir una especie de refugio.

¿Para qué sirven los libros? Sirven por si algún día el ser humano desaparece de la faz de la Tierra de manera sospechosa, ayudarán a explicar lo que fuimos a los seres que puedan interpretar nuestra escritura.

Mala fama

Crea fama y acuéstate a dormir. Es un dicho popular que tiene sentido y sabiduría, pero debo dudar de él. En mi caso, si me acuesto a dormir, de forma literal, me comen las hormigas, y quizás los gusanos. ¿Literal? En el béisbol la fama y el acostarse a dormir no permitirán que ganes, al menos, 15 juegos. Al jugador que crea que una temporada buena le va a durar toda la vida, lamento decirle que está malditamente equivocado. Soy de los que cree que toda temporada, aunque se ganen 32 juegos, es superable. ¿Por qué? Porque puedo ganar 33.

La fama no provee habilidad. La fama no provee el temple necesario en los momentos difíciles en el terreno de juego, y mucho menos en el terreno de la vida. Eso de la fama y el glamour me ha servido para tener sexo con mujeres que no me mirarían si no fuera famoso y glamoroso. (Lo de glamoroso está de más, pero no está mal). Me ha servido, además, para desconcentrarme, y en vez de ganar 20 juegos, ganaba 19 por estar pensando en las tetas, en las nalgas y en las vaginas de mis acompañantes nocturnas. Me ha servido en un momento estúpido de mi vida cuando pensaba que ser conocido y reconocido donde quiera que me paraba, o me sentaba, aportaba algo importante a mi desarrollo como ser humano. Solo aportó al exceso de ego. Un exceso que provoca andar por los aires sin ningún equipo de seguridad para atravesar la neblina y evitar las caídas. Lo disfruté mientras no era consciente de los trocitos de pan dejados por el estrés en el camino para guiarme hacia el desbarrancadero.

Llegó el momento en que decidí no renunciar a mi normalidad y olvidarme de los juicios de los que no me conocen y relajarme.

Aun así, tengo las dos famas: la buena y la mala.

De la mala fama que tengo puedo escribir infinidad de historias. En cambio, de la buena fama, si alguna tengo, puedo escribir pocas cosas, porque de lo bueno que hago se dice poco. Tampoco reflexiono sobre ello, porque hacer el bien no me hace daño, pero sí hacer el mal. Lo bueno adquiere profundidad solo en el que recibe bondad, no en el que la ve. Pero lo malo obtiene profundidad no tan solo del que recibe maldad, sino también en el que la ve. Es irrefutable que existen excepciones en ambos lados de la moneda.

Existe mucha gente que combate la maldad en lugares exageradamente vulnerables a la violencia. Pero, ¿quién los conoce? No son famosos. No creo que les importe serlo. Están en el anonimato siempre o casi siempre. Esa gente no representa un atractivo económico, sino todo lo contrario. En cambio, existen pocas personas que hacen el mal en cualquier lugar y obtienen una exagerada atención de diversos sectores, en especial de los medios de comunicación. La fama les llega de inmediato, no por construir, sino por destruir.

Voy a hacer un ejercicio de memoria. Intentaré recordar a gente mala famosa, y a gente buena famosa.

Los famosos malos: Timothy McVeigh, Unabomber, Ted Bundy, la asesina que interpretó Charlize Theron, la que ahogó a sus dos hijos metiendo el carro a un lago, Jeffrey Dahmer, el asesino de Atlanta, Hitler, Goebbels, Stalin y Milosevic.

Los famosos buenos: Berta Cáceres, padre Romero, Chico Mendes, Isolina Ferré, Montessori, Rigoberta Menchú, el grupo de periodistas de *Real Sports*, Vargas Vidot y Roberto Clemente. Han ganado en mi memoria los malos. ¡Maldita sea! No me siento bien por eso. Y para colmo, me he tardado más en encontrar en mi memoria a la gente buena famosa. Los malos famosos fluyeron como un torbellino.

Parte de la mala fama que me adjudican viene por lo siguiente: puedo estar lanzando un juego sin hits, y si en la octava entrada sobrepaso los 110 lanzamientos el cerrador se encargará de la novena entrada y lo demás. La victoria es mi aliento, no un juego sin hits. Cuando sobrepaso los 110 lanzamientos el brazo no lo siento igual. No me siento en plenitud de mis habilidades. No me gusta hacer el ridículo. Aunque no lo parezca, tengo limitaciones. Sigo un método. El método no ha permitido lesiones, fallas en la mecánica de los lanzamientos, y en especial, con los double up.

Las razones sobran para no seguir en el juego. Pocos las entienden. Yo las entiendo, y eso es lo importante.

La fama de problemático me persigue. No es buena fama. Cierto es. Para ellos, los que me llaman problemático, soy un tipo que no se queda callado. ¿Por qué quedarme callado cuando no estoy de acuerdo con algo? Los que se quedan callados son los buenos, los humildes. Los que se dejan manipular y aguantan las injusticias, esos son los buenos. Pues, yo soy problemático, soy malo. Me gusta la mala fama de problemático. No tengo remedio.

A decir verdad, me gusta ser famoso.

Amores

Me he enamorado muchas veces. Nada tiene que ver que sea un picaflor o un mujeriego. Es que no soy de los que piensan que uno se enamora una sola vez en la vida. Tirar por la borda un mundo de posibilidades y oportunidades diversas no es de buen pensante. Me da pena el filósofo o el idiota que se inventó tal disparate, de que "uno se enamora una sola vez en la vida". Por favor. Pero más pena me da el que piensa de esa manera. Enamorarse una sola vez es limitarse a descubrir nuevas formas de convivir, de aprender y de saborear experiencias que van a enriquecernos y a provocar historias tristes y renovadoras, alegres y fructíferas. Eso de que el primer amor nunca se olvida no me ha pasado. No he olvidado ni el segundo ni el tercero, ni ninguno. La carga que le imponen al primer amor, al primer beso, a la primera noche, tarde, mañana de sexo, o a la primera vez, en definitiva, aunque haya sido en la cama de tus padres, es absurdo. Si es por la pérdida de la inocencia, yo la inocencia la sigo perdiendo todos los días.

Aunque de ahora en adelante escriba más del amor entre seres humanos que de béisbol, espero que no se joda nada de lo que he escrito. Porque lo más seguro algunos dirán «Pero, ¿qué hace? Escribir sobre el amor en una novela de béisbol es una locura. Debes escribir de las peleas que tienes a cada rato con los árbitros. Cuando te les cagas en toda su descendencia y ascendencia. Escribe de eso. También de las fuertes críticas que haces de ellos en los medios de comunicación llamándolos mediocres, miopes y no sé qué más. A cada rato te multan por ejercer tu libertad de expresión, si eso existe. ¿Por qué no escribes sobre eso? Tienes grandes historias por contar. ¿Te acuerdas cuando le escupiste la cara al dirigente de los Royals? Esas son las cosas de las que tienes que escribir. No del amor y de esas cosas melosas. Al humano hoy día lo que le interesa es divertirse, no cultivarse. Bueno, eso dice Gilles Lipovetsky en su libro *De la ligereza*. Así que, diviértenos, carajo.»

Hay cosas de las que me arrepiento. La vez que cogí por el cuello a un ex compañero y por poco lo ahogo en la bañera, de eso no me arrepiento. Creo que se lo merecía. Considero que no está bien maltratar verbalmente al equipo que acomoda nuestras pertenencias en los vestidores. Esa era la costumbre del ex compañero. Les negaba el saludo, les ajorraba para que se marcharan del vestidor diciéndoles que el lugar era exclusivo para los jugadores, no para sirvientes. Les decía palabras soeces, y al caballero ecuatoriano le molestaba diciéndole mexicano. Llevaba un tiempo haciéndolo. Me tenía harto. Nadie le decía nada. Aun algunos sintiendo rabia evitaban una confrontación que les pudiera afectar con la gerencia. Lo peor era cuando su grupito se reía de las ofensas que profería. Aproveché un día malo en el montículo y un error que cometió en la primera base que permitió la carrera de la victoria contraria para hacer justicia. A la primera ofensa que les profirió me le acerqué; le dije que era un *fucking asshole* y un *moron*, seguido de un cabezazo en la nariz que le provocó una hemorragia profusa. Cuando se dobló para tocarse la nariz con las dos manos mientras se quejaba de dolor, le di una patada en el estómago que lo hizo ponerse de rodillas. Así de rodillas lo cogí por el cuello, lo puse de pie y lo llevé a la bañera. Nadie me detuvo. Me imagino que estaban sorprendidos por mi reacción para hacerlo respetar y callar, al menos en mi presencia. Lo único que pudo decir mientras lo llevaba a la bañera fue, *fucking puertorrican*. De cierta manera tuvo suerte al entrar al vestidor el bench coach. Sin ese hecho, es probable que lo haya ahogado. No, no estoy loco. Para nada. Yo sé que ustedes en algún momento de sus vidas han querido actuar de forma parecida, o al menos han pensado en algo parecido. Sí, sé que sí. Si Nelson Mandela, Che Guevara, Subcomandante Marcos, Augusto Sandino, Emiliano Zapata, Malcom X, entre otros, creían en la defensa legítima, en la violencia con fines de paz, ¿qué me hace diferente?

De lo que me arrepiento es del enfurecimiento incontenible cuando los árbitros cometían errores en mi contra. Los señalaba en la cara restregándole el error y ofendiéndolos. No son perfectos y es algo que no puedo entender. Deberían serlo. Me acuerdo de aquel día cuando el mismo árbitro que frustró el juego perfecto de Armando Galarraga me quiso frustrar un tercer out en la séptima entrada con las bases llenas. Me enojé tanto que arrojé el guante y la gorra al suelo y quise golpearlo. Tuve suerte. No hice ni un amague para golpearlo, pero sí lo señalaba a la cara (como siempre), y le dije como cuarenta veces *damn mediocre*. Gracias a la tecnología, el out se adjudicó y yo me fui a descansar tranquilo al dugout con el juego al frente por cinco carreras.

Volviendo al tema del amor. No escatimo a la hora de interesarme por una dama que me llegue donde tiene que llegar. Si llega a provocar en mí que la desnude con la mente, que imagine de qué color es la areola de sus senos, el cómo pone la cara al momento del coito, del orgasmo, y si tiene mucho o poco vello púbico, voy por buen camino. Imaginármela viendo una película recostada de mi hombro y abrazándome por la cintura es esencial. Y algo de suma importancia, me la tengo que imaginar enfurecida. El color de piel, el volumen del cuerpo, en especial de las nalgas y de los senos, la altura, la clase social, en qué trabaja, si lee o no lee, si le interesa el deporte, si ve documentales, si ha intentado suicidarse (cosa que no parece extraña), si odia la ciudad de San Luis, o si odia a los latinos, si es americana, asiática, europea, africana, oceánica, antártica, nada de eso me importa. Tampoco la edad.

El amor se entiende y se interpreta de muchas formas. Somos diferentes y, como tal, no puede haber una regla o una imposición de cómo demostrar amor.

Mis amores tienen el orden que dicta la memoria.

Valentina

— ¿Por qué te gustan las mujeres mayores? — me preguntó.

Es una pregunta que no tiene clara su intención, y menos cuando se ha consumado un acto de eterno deseo. ¿Qué buscaba con esa pregunta? Aumentar su ego o reducirlo con mi respuesta.

— No es que me gusten las mujeres mayores, es que me gustan las mujeres hermosas. Las mujeres hermosas son hermosas a cualquier edad. Decir que debió ser bonita cuando joven, es un sacrilegio y una muestra contundente de la incapacidad, que tienen algunos, de entender la belleza — contesté.

No sé si se sorprendió con mi respuesta. Lo que sí sé, es que me regaló una sonrisa imborrable.

El día de nuestro encuentro, había lanzado un juego permitiendo solo 2 hits en 7 entradas. Uno en la sexta y el otro en la séptima. Por supuesto, gané el juego a pesar del pronóstico de su hijo. Un periodista que me odia, no porque me acueste ocasionalmente con su madre, sino porque piensa que no lo doy todo en el terreno de juego. Lo único que le agradezco al periodista tonto es que haya accedido a la petición de su madre. Ella me quería conocer. Siempre ha sido fanática del béisbol. Y mi estilo, tanto dentro como fuera del parque, le resultaba atractivo.

La presentación fue seca y seria por parte del periodista tonto. Al igual que su acercamiento para pedirme el favor. Para ella y para mí fue todo un acontecimiento. La gorra roja, el jersey del equipo con mi nombre, el mahón azul desgastado extremadamente ajustado, los tenis blancos, su beso en mi mejilla, su abrazo y la cara de disgusto de su hijo, el periodista tonto, me dieron a entender que la tarde no había terminado y que la noche iba a ser larga. La invité a tomar un café, pero ella prefirió ir a tomar vino. Nos tomamos dos botellas de Cabernet Sauvignon, Rapture de Michael David. El resto, ya lo he contado.

Catalina

— Uso calzoncillos — me dijo antes de desnudarla. — No te preocupes, no soy lesbiana. Es que me resultan más cómodos y protectores.

No me preocupaba que fuera lesbiana, tampoco sus calzoncillos con diseños y colores chocantes.

Lo que yo esperaba de ella, una mujer perfumada con Coco Mademoiselle, de dentadura limpia y derecha, de ojos verdes, y de un gusto refinado al vestir, era al menos una tanga blanca de encajes. No fue así. Aun así, la pasé de maravilla por alrededor de tres meses. Solo tres dulces meses. La agencia de publicidad para la que trabajaba la trasladó a Hong Kong como jefa de proyectos. Lloramos antes y después de la despedida. Pero ninguno cedió a sus sueños. Ella deseaba el puesto que todos sus compañeros envidiaban, y yo, el Salón de la Fama. Sus ideas para que la acompañara y abandonara todo iban desde firmar con un equipo de béisbol profesional en China o convertirme en un empresario. No me convenció. El mejor béisbol se juega en América y no tengo la cobardía de esclavizar a la gente. En cambio, yo no le ofrecí nada. ¿Qué le puedo ofrecer a una mujer con sueños? Nada. Solo buena suerte.

Nos volvimos a ver ocho meses después en Nueva York, en una sesión de fotos para una crema humectante a la que acompañé a una amiga. Catalina tenía a cargo la cuenta de la casa de moda china que estaba en expansión y que era dueña de la crema. Lo primero que hizo al verme fue taparse la boca y soltar una carcajada tan hermosa que aun la puedo escuchar. Luego nos abrazamos, nos dimos un beso breve en los labios, nos fuimos del set, bebimos chai tea latte, y tuvimos sexo en su oficina. Ya no usa calzoncillos.

Marta

Modelo. Guapa. Vanidosa. Infiel.

Creí que no me había visto besar a Catalina. Me vio y nos escuchó. Es lamentable.

Pasar por lo mismo no es fácil. Aunque no era una relación que gozaba de plena seriedad, no es fácil ver lo que vi, ni escuchar lo que escuché.

La venganza es cruel.

Al otro día de la venganza, perdí 1 a 0 contra los Yankees. Lancé 7 entradas. Ponché a 9 bateadores, permití 2 bases por bolas y 6 hits. No está nada mal perder así.

Verónica

La conocí en una fiesta en la casa de un compañero de equipo. No la vi durante toda la fiesta sino hasta el final. Soy de los que me quedo a recoger o a limpiar lo que me manden. Y si son de esos anfitriones que dicen que no me vaya todavía sirviéndome un vaso de whiskey, y no con la cara de, bueno, ya, lárgate. Pues me quedo un rato más para la última conversación de la noche o madrugada.

La vi bajar las escaleras con una bolsa de basura blanca parecida a la que yo tenía en las manos. En realidad, no la vi bajar a ella, vi bajar un resplandor debido al color de su traje de algodón. Era un beige de una tonalidad extrema. El traje poseía la capacidad de invisibilizar a su dueña y hacerle creer a todos que se dirigía solo por el mundo. El pañuelo de seda rojo que llevaba en la cabeza le daba un aire de mujer libre. A pesar de que no somos libres, ella rara y aparentemente lo era, y lo podía explicar.

Cuando nos presentaron, me extendió las dos manos mojadas y con un poco de jabón. Se las acababa de lavar luego de haber recogido todos los desperdicios de los tres baños disponibles para la fiesta. La saludé con una mano y con una sonrisa de incomodidad. No me gusta que me toquen con las manos mojadas. Ella me saludó agarrándome la mano con sus dos manos, mojándome doblemente.

— ¿No te gustan las manos mojadas? — preguntó.

— Me gustan otras cosas mojadas — le contesté.

Hubo silencio. No tenso, sino uno que aguanta la risa.

— Eres atrevido — comentó.

— El atrevimiento es bueno en pequeñas dosis.

Los que quedábamos de la fiesta que éramos mi compañero de equipo, su esposa, Verónica y yo, nos sentamos en la terraza con vista a la ciudad. Mi compañero y yo bebíamos tranquilamente

Jameson, un whiskey irlandés maravilloso. Y la esposa de mi compañero y Verónica tomaban té de manzanilla para, según ellas, relajarse. Hablamos de la libertad, de la suerte y de las diferentes formas que existen para entender el mundo. La esposa de mi compañero, ex bailarina erótica, hoy bibliotecaria, hablaba de la importancia de los libros, de esa vocación que tiene el ser humano de preservar y rescatar del olvido lo que se ha descubierto, investigado, analizado, y de lo que se ha convertido en literatura. Que, según Juan José Saer, es la antropología especulativa. Verónica también ama los libros. Los ama tanto, que se perdió la fiesta por estar leyendo a Lorrie Moore en la hermosa y enorme biblioteca de la casa. Me gusta la gente así, rara, apasionada, y que no le importe un carajo lo que yo piense de ellos. Gente genuina.

Con Verónica el sexo no era el mejor, pero no importaba. Su voz y lo que transmitía eran mi punto G. No duramos mucho como pareja, sí como amigos. Aun lo somos.

Ella y los libros son un matrimonio envidiable.

Eugenia

Ha sido la única mujer que me ha pedido cinco minutos exclusivos para que la acaricie. Solo eso, caricias, acariciarla. En eso cinco minutos, ella cerraba los ojos y se quedaba quieta. ¿Por qué tal petición? ¿Para pensar en otro, o en otros? Qué importa en quién pensaba. Importa que le veía la cara con sus imperfecciones: manchas, espinillas, lunares… También, los pelos suaves, muy suaves, extremadamente suaves que se extendían más allá de la frontera de la frente, esos que están pegaditos, que parecen una lana. Con esos, me daba el gusto de pasarle los labios lentamente hasta sentir la sensación de ternura. Con los de su cuello, aquellos que se tornan horizontales, lo mismo. Ternura.

Los cinco minutos podían suceder en cualquier momento. Cuando llegaba del trabajo, cuando yo llegaba de ganar un juego de local, antes de comer, de acostarse, de bañarse, en fin, en cualquier momento. Los cinco minutos eran cronometrados. Eran cinco minutos, ni más ni menos. Al escuchar el sonido del final, apretaba el botón del reloj y me daba un beso. A veces, un beso suave y corto. Otras veces, un beso bruto, rudo, como me gustan. Esos que intentan desaparecerte la boca.

Sin duda la amé. No solo porque era inteligente, trabajadora y detallista, sino también porque sabía escuchar, me quería escuchar y le importaba escucharme. La extraño tanto, que si me pidiera que dejara el béisbol lo pensaría seriamente. Lamentablemente no va a ser así. Se fue. Para mí no es clara su huida. Para ella sí. Al menos dejó una carta hermosa. Hermosa, pero a la larga cruel. ¿Por qué a la larga cruel? Porque no entendí de primera instancia todo lo que contenía cada palabra, cada oración. A la tercera lectura pude entender que me dejaba por mi arrogancia, porque no le pedía nada, porque simplemente entendía que ella era un trofeo más en mi vida. Se equivocó. La llamé, la busqué, y nada, todo quedó en la nada.

Le pedí todo. Le pedí amor. En mi caso, pedir amor no se ve a simple vista.

Marilú

Fue un amor de una noche. Los amores de una noche existen. Y este, en especial, ha durado muchas noches.

La noche en que la conocí no tuve decisión, ni gané ni perdí, en la victoria del equipo. Lancé 7 entradas, con 9 ponches, 1 base por bolas y 2 malditas carreras. Una limpia, un jonrón. Una sucia, un error de la tercera base. Les cuento rápidamente y resumiendo. La bola picó pegada a la línea blanca por la tercera base. Difícil para reaccionar. Porque la bola por la tercera base va a una gran velocidad. Además, el defensor estaba retirado de la base por instrucciones del dirigente. El defensor de la tercera base vio la bola, dio un paso a la derecha, y se lanzó estirando todo su cuerpo para poder alcanzarla. Lo logró, la atrapó. Como había 2 outs, el corredor que estaba en tercera corrió rápidamente hacia el home plate. Llegó quieto. Porque al momento en que el defensor de la tercera base intentó lanzar la bola, se le salió de la mano inexplicablemente, cayendo al suelo y permitiendo la anotación. Scott Rolen se sintió mal. Me miraba con ojos de frustración. Yo quería matarlo; no voy a mentir. No le mostré compasión ni comprensión. Caí atrás en el marcador: 2 a 1. Si ganaba era la victoria número 8 en línea y la número 17 de la temporada. Terminó la séptima entrada yo perdiendo el juego. Pero Rolen, la tercera base, pudo enmendar su error y evitó una derrota para el equipo y para mí. Bateó un jonrón en la novena entrada con un corredor en segunda base. Todavía andan buscando la bola. Un palo de los grandes. Todos nos levantamos del banco y corrimos a recibirlo. El primero que llegó al home fui yo. Y fui yo también el que le echó por encima el Gatorade Artic Blitz.

Esa noche el equipo estaba libre. Estábamos en Milwaukee. Scott Rolen quería celebrar y decidimos ir a un bar cerca del hotel. En ese bar casi oscuro, con luces tenues anaranjadas, con un bullicio agradable vi a Marilú por primera vez, y quizás, por última vez, sirviendo detrás de la barra. Tiene (si no se lo ha borrado) un tatuaje en el hombro que me llamó la atención. No era una mariposa, una cruz, ni una estrella negra, era un nombre: Arcadio.

¿Arcadio? ¿El nombre de su hijo, de su padre, de su novio? No. Era el nombre de quien le pidió matrimonio y al otro día se suicidó. Ella nunca supo por qué lo hizo. No dejó una carta, una nota, nada. No dejó nada. Solo un amor y, como consecuencia de su muerte extraña, su nombre escrito en el hombro de la mujer que amaba. Quién era Arcadio… lo supe luego de que me sirviera la Coors Light número 9 cuando ya todos se habían ido. A la número 12 supe el resto en la habitación del hotel.

No tuvimos sexo. Ni nos quitamos la ropa. Lo intentamos en varias ocasiones, pero la risa y las ganas de mirarnos y conversar era más fuerte. Era buena contando anécdotas, chistes e historias de amor y desamor tanto suyas como también de los que frecuentaban el bar.

— Quiero que sepas que te odio, porque cuando no le ganas a los Brewers nunca pierdes —, me dijo antes de irse.

Nos besamos agarrándonos las nalgas, y nos acariciamos las mejillas con ganas de volver atrás. Atrás, a la primera vez que nos vimos.

Eneida

No te vayas. Siempre a la hora de irme me decía: No te vayas. Fueron pocas las veces en las que me fui haciéndome caso. Esas veces en las que me fui haciéndome caso, Eneida me hacía arrepentirme. Se grababa haciéndose lo que me gusta. «Lo que te estás perdiendo, mi amor», me decía entre risas y toqueteos. Al día de hoy no sé qué me gustaba más, si su cuerpo y sensualidad, o su acento colombiano. No siempre se grababa siendo pícara, también se grababa cocinándome un ajiaco con pollo, arepas y hasta un plato paisa. Y la verdad, no sé qué me gustaba más, si la poca ropa que se ponía al cocinar, o lo que cocinaba.

— ¿Si algún día yo cometo un error o lo de nosotros deja de funcionar, que harás con los videos?, — me preguntó una vez.

— Esos videos tú me los grabaste a mí, a nadie más. Esos videos son míos, son privados. Nunca tendré la necesidad de hacerlos públicos. Es una bajeza que después de tanta confianza que me has dado, de tanto goce, yo te haga daño publicando lo que hiciste con amor para complacerme y hacerme feliz —, le respondí.

— ¿Sabes lo del video de mi amiga, Javier? En la calle le dicen puta. Tengo miedo de que tú me hagas algo así.

— Eneida, ella ni tú son putas. Yo te he enviado videos masturbándome. Para mí eso es algo normal. Nada tiene que ver con la prostitución. Tiene que ver con el encanto, con la diversión, con romper con la monotonía. Ni ella ni tú se grabaron para excitar a un público. Tampoco cobraron. Se grabaron para excitar a sus parejas en el plano privado. Los únicos descarados son los que hicieron públicos los videos. A ellos son los que se deben juzgar. Es más, debería ser un crimen.

Pasó el tiempo. Nos separamos. Le fui infiel con una mujer que no se graba, no cocina, y nunca me dice: No te vayas.

Matilde

Ha sido mi peor pesadilla. No tengo que jurarlo. Deben creerme. Mis esfuerzos no valieron de nada para que Matilde entendiera que yo le era fiel. No me creerán, pero es cierto. A la única mujer que le he sido fiel por más de seis meses corridos y no valió la pena. Las ideas y razones para creer que le era infiel son las mismas de todas las mujeres. No, no, no, no las voy a mencionar. Y sí, son las mismas. No voy a perder el tiempo en una enumeración harta conocida. Vean películas, o lean novelas. Sean testigos de que no cambia absolutamente nada el lugar en el mundo de donde sea la mujer. En todas partes del mundo, con uno que otro matiz de diferencia, tenemos los mismos problemas de celos y de desconfianza, y reacción del género femenino. Claro, y la misma reacción varonil. La del sufrimiento ante una creencia errónea.

Puede sonar increíble decir que me golpeaba. Pues sí, que no suene increíble, me golpeaba. A pesar de que le faltaban dos dedos de la mano derecha, el meñique y el anular, y los mismos en el pie izquierdo, esto no le impedía soltar la mano y pegarme donde me alcanzara. Al principio lo tomé como una broma, pesada, pero como una broma al fin. Lo que yo pensaba que era una cosa se salió de proporción y ya sabrán cuánto.

Sufrí violencia doméstica. No es para esconderlo. La violencia no tiene género. Negar que no tuve miedo no está bien. Tuve miedo que me matara con el cuchillo que en varias ocasiones agarró para amenazarme. En esas ocasiones no dormí con ella, aun a pesar de sus ruegos para que lo hiciera. Al otro día todo era diferente. Me abrazaba y me decía que no fuera tonto, que no me iba a matar, y que me quería mucho. Una vez, que yo recuerde, admitió que necesitaba ayuda. Fue la vez que la enfrenté y me puse más bravo que ella. Aquella última vez que me amenazó con un cuchillo, le dije que si no lo bajaba no respondía de mí. Ya no estaba dispuesto a seguir aguantando tanta infelicidad y tanta violencia sin sentido. Sus experiencias las debió dejar en donde corresponden, en el pasado, e intentar rehacer su vida. Lo intentó, pero no pudo. Al menos conmigo. Esa noche, llamé a la policía. La arrestaron. La misma noche de su arresto, en la comisaría, me enteré de sus antecedentes.

Ya lejos de ella, le ayudé en todo lo que estaba a mi alcance. Retiré los cargos, pero no la protección que me provee la ley a petición de mi abogado. Hace mucho que no sé de ella. Y es mejor así.

Silvina

Es mi prima segunda. Sí, me enamoré de mi prima segunda. No es raro en mi familia. Tengo primos que se apellidan Romero Romero, o Santiago Santiago. Me imagino que como no vivía tanta gente en el campo se enamoraban y copulaban entre sí.

A Silvina le dicen la puta de la familia. Pero no es una puta cualquiera, es una puta hermosa, con un cuerpo escultural y con dinero. No tiene dinero por puta. No, no. Tampoco por estafar a sus supuestos clientes. Tiene dinero porque es inteligente. El negocio de escort que fundó hace seis años en San Juan ha sido todo un éxito.

— Ya llegó la puta —, dijo un primo mientras los demás lo secundaban diciendo que sí con la cabeza y con risas. Estábamos en el velorio de tío Elías, un tío que no conocía bien. Lo dejé de ver cuando era pequeño. Pasó la mayor parte de su vida en Chicago trabajando como conductor de trenes. Pero yo, como estaba de visita en la isla, decidí ir a conocer parte de la familia.

— ¿Puta? —, le pregunté a mi primo.

— ¿No ves? Mírala. Mira ese carro. Se acuesta con cualquiera.

Yo, su primo segundo, esa misma noche me enteré que no era así. Se acuesta con quien quiere. Y esa es una gran diferencia.

A las 11 de la noche una prima se me acerca. Quería presentarme a Silvina. Luego de saludarla estrechándole la mano y decir lo que se dice, la invité a tomar unos tragos. Me dijo que no bebía; que podía tomarse un café. Debería estar despierta porque le tocaba sustituir a una empleada en la oficina que debía salir antes del turno por un asunto personal.

— ¿Tú no eres la jefa? Que otro lo haga —, le comenté.

—Sí, soy la jefa y la dueña. Por lo tanto, tengo que dar el ejemplo de compromiso y respetar el tiempo libre de mis empleados. Si yo lo puedo hacer, lo hago. No tengo ningún problema en asumir cualquiera de los roles que haya que asumir. Por supuesto, el de escort no lo voy a hacer, pero es mi negocio, y siempre existen alternativas.

Silvina me dejó un poco aturdido con su respuesta. Seguimos hablando de cosas triviales, cómicas, de la familia, de quién era hija, que si conocía a tal o cual, de su negocio, de béisbol, el cual no le gusta, y así por el estilo. Salimos del velorio. Compré los cafés. Nos los tomamos en su oficina. Es una oficina pequeña, pero acogedora, de muebles blancos y grises, con un escritorio en cristal debajo de una lámpara de tres anillos gigantes que dan la impresión de que giran, y en las paredes Wall Moda Circle de relieve color blanco, con cuadros de pinceladas negras. Cuando llegó la hora de sustituir a su empleada, me despidió primero con la mano y luego con un beso en la mejilla. Bueno, no con un beso, sino con un roce de mejillas.

No nos intercambiamos los números telefónicos. Como que no resultaba ideal hacerlo. Sin quererlo yo dejé todo en suspenso. Ella también dejó todo en suspenso. Veía como que no le interesaba el hecho de que yo fuera famoso, adinerado y todo lo demás. Era extraño para mí deshacerme poco a poco de la idea de que la noche iba a ser una de esas noches locas, de borrachera y lujuria.

No resultó ser una noche para nada aburrida. Me habló del cine de Peter Greenaway y de sus teorías, y de una serie de documentales llamados *Dirty Money*. No le gustaba el jazz, pero puso en su lujoso sistema de audio Bose, *Tutu* de Miles Davis, aduciendo que ese disco no era jazz, que era otra cosa. El solo hecho de conocerla fue un acontecimiento. Recuerdo su traje negro ajustado y escotado en el pecho que no me permitía concentrarme del todo en lo que me decía. La lucha fue intensa en intentar sostenerle la mirada a los ojos. Sé que fallé en varias ocasiones. ¿Qué puedo hacer? Si estoy ante una mujer despampanante, y encima, buena conversadora.

La noche terminó con ella en la oficina trabajando y yo en el lobby del hotel escuchando una orquesta tributo a Tito Puente.

Decidí al otro día ir a visitarla a la oficina e invitarla a tomar otro café o lo que a ella le apeteciera. No la encontré. La secretaria me dijo que ella debía llegar a eso de las 5 de la tarde. Eran las 3. Me senté en uno de los sillones que prácticamente adornaban la recepción. No tenían huellas de haber sido utilizados ni tocados. El de la derecha, el anaranjado, tenía la visibilidad hacia la puerta. Era el indicado. No he podido dejar la manía de saber quién entra y quién sale de cada lugar en donde estoy. Saqué el celular y me puse a leer *Un universo de la nada* de Lawrence M. Krauss. La secretaria, al ver que no me fui, llamó por teléfono. No pude entender qué dijo. Pero a la media hora apareció Silvina vestida como lista para ir al gimnasio sin nada al descubierto, pero con el ajuste perfecto para disfrutar de sus contornos. Cuando la vi no pude reaccionar de inmediato. Me costó reponerme del impacto que logró su cuerpo. Por supuesto, ella se dio cuenta, pero solo reía, y yo no tuve más remedio que pedirle una disculpa. La saludé, me saludó, le dio unas instrucciones a la secretaria para luego decirme: Vámonos.

Fuimos al cine Fine Arts en Hato Rey. Antes de entrar se puso un abrigo que le cubría hasta la mitad de los muslos. Para el frío, me dijo. Allí comimos sushi, cheesecake y bebimos vino. No me dejó pagar nada. Decidimos ver *Whiplash*, película que logra transmitir la dificultad técnica del jazz. Y no tan solo eso, sino que permite apreciarlo todavía más. Expresa a toda plenitud que toda pieza musical tiene un ritmo, algo que decir, una historia. Existe la posibilidad de alterar el ritmo, pero es imposible cambiar lo que la canción tiene o quiere decir. Su historia es inalterable, es eterna. A Silvina la película la estremeció. Tanto, que compró y descargó en su celular el soundtrack.

Silvina no tenía la intención de despacharme temprano. Se le veía contenta, con un aire divertido, contagioso. Quería compañía y quería conversar. Yo también quería compañía, conversar y otras cosas más. Al salir del cine, me invitó a su yate anclado en Puerto del Rey en Fajardo. No escuchamos otra cosa en todo el camino que el soundtrack de la película. Durante el largo trayecto hablamos de la película, y yo, de su ropa de gimnasio. Se reía, pero no comentaba nada acerca de mis insinuaciones. Solo comentó que al momento de la llamada de su secretaria estaba a punto de empezar los estiramientos en el gimnasio.

Llegamos al puerto a eso de las 8 de la noche. Se abrió el portón. Saludamos al guardia. Silvina estacionó el carro de una sola vez mirando únicamente por los retrovisores. Nos bajamos. Caminamos hacia el yate. Y saltamos al yate. Primero yo, luego ella, para poder brindarle ayuda. Ayuda que no necesitó. Ya en el camarote me sirvió una Michelob Ultra en un vaso de cristal helado. Y ella se preparó un té de jengibre con limón.

— ¿Por qué nos gusta tanto lo que Satanás nos propone que hagamos? Claro, según el cristianismo, — preguntó mientras se sentaba.

Y lo último que me dijo después de varias horas sin besos, caricias, ni sexo de por medio, solo pura conversación, fue lo siguiente: «Tengo sueño. Voy a dormir. Solo quiero que me des un beso en la mejilla, y me des la espalda cuando decidas dormir.»

Le di el beso en la mejilla. Fue al baño. Se duchó. Salió olorosa y desnuda. Se metió a la cama.

Nos despertamos a las 7:06 de la mañana. Silvina se levantó primero. Bebió agua. Prendió la radio. Cantaba Nino Segarra la canción *Porque te amo*. Fue al baño. Escuché la ducha. A los pocos minutos escuché que se lavaba la boca. Luego abrió el envase del antiséptico. Hizo gárgaras y escupió. Salió desnuda.

— Eres un hombre de verdad—, me dijo. — Respetaste la distancia que te impuse, mi cuerpo, mis intenciones. Si quieres, báñate y lávate la boca. Cuando vuelvas, deseo que despliegues todas tus intenciones. Por supuesto, si no tienes algún inconveniente.

Después de Silvina

No me di cuenta cuándo Silvina dejó de extrañarme. Al regresar a los Estados Unidos el béisbol ocupaba todo. Mi tiempo, mi mente, mi cuerpo y mi coraje. Quería conquistar lo que no se había conquistado hacía mucho tiempo. Quería llegar a las 27 victorias y con no más de 5 derrotas. Yo la extrañaba. Pero el béisbol era en aquel momento, y lo sigue siendo, lo más importante, no el amor. Pensaba que tenía infinidad de oportunidades para encontrar la mujer que quisiera, y que me quisiera, aunque fuera tan solo por la fama y el dinero que poseía. Esas cosas se dan. No soy un tonto. Pensándolo bien, más que un amor, buscaba un cuerpo en donde descargar mis ansiedades y relajarme un poco para enfrentar lo que se venía; estar en boca de todo el mundo beisbolístico. Esas ganas de ganar, de ser el mejor, de inmortalizarme, colmaban mi existencia. Pensaba que eran, y sigo pensando que son, unas ganas lógicas. El mundo del béisbol es uno competitivo, no colaborativo. Ser mediocre en el deporte significa pasar desapercibido. Yo no quería pasar desapercibido por ningún sitio. Por lo tanto, esforzarme, sacrificarme, y sacrificar ciertas cosas, es parte del funcionamiento. Si al fin y al cabo ha valido la pena, cuando llegue a viejo mi conciencia dictará. Bueno, no tengo que llegar a viejo. Creo que después del retiro esos cuestionamientos existenciales no tendrán compasión de mí. Porque es obvio, no voy a jugar eternamente.

Si estoy pensando en Silvina hoy, algo hizo. Algo hizo en mi mente y en mi cuerpo. Tengo marcas de sus mordidas y de sus arañazos, no visibles, pero sé que están ahí, en la espalda, en los hombros, en los antebrazos, en la barbilla, en los labios, y en unos cuantos rinconcitos. No es tan solo sus marcas en mi cuerpo. Es que con ella tuve la extraña sensación de que es una mujer para vivir sin mirar atrás.

No he tenido que retirarme ni llegar a viejo para darme cuenta que quizá he cometido un posible y grave error.

Kate

— I wanna fuck with you — me dijo al oído luego de tocarme el hombro por detrás. No sabía quién era. Yo estaba esperando que me sirvieran una copa de vino espumoso. Cuando me volteé y miré, la sorpresa fue caótica. Kate es la esposa del gerente general del equipo. No es para menos pensar que estaba ante una encrucijada, no detestable ni amarga, sino agridulce. La señora del gerente posee un gran parecido a Sable, una ex luchadora de la WWE. Igual de rubia, musculosa y sensual. Una mujer altamente deseable. No lo puedo negar, varias veces me masturbé pensando en ella. No en ella exclusivamente, a decir verdad. También en otras, en muchas otras, también casadas.

No me pareció raro que ella me propusiera tal cosa. Según dicen las malas lenguas, el gerente general es homosexual. Pero aun así, es normal que ella quiera explorar otros cuerpos aunque su esposo sea como sea. La monogamia es absurda. Lo sabe ella y lo sé yo. El cuerpo requiere placer, y yo estaba pensando seriamente en complacerme y en complacerla. Además, el alcohol que tenía recorriéndome el torrente sanguíneo no me iba a dejar reaccionar de otra forma.

La casa donde se estaba celebrando la fiesta era enorme. No había mucha gente, y la mayoría estaba congregada en la terraza y cerca de la piscina, comiendo, bebiendo, bailando y escuchando al DJ. El deseo podía ser saciado en cualquier rincón del lugar sin ser vistos. Me llevó a la biblioteca. No sé por qué a la biblioteca. Con tantos espacios pequeños y de menos peligrosidad. Es posible que rodeada de libros haya tenido los orgasmos más memorables de su vida. Quién sabe. No me dejó protestar. Me hizo entrar primero empujándome por el centro de la espalda. Cerró la puerta con fuerza, pero con tanta fuerza que el ruido debió escucharse en toda la casa. Allí, rodeados de libros, se alzó la minifalda negra con las dos manos hasta la cintura. No fue necesario que se bajara el panty, porque no tenía. Me dio la espalda, y apoyándose con las dos manos a la puerta y arqueando la espalda me dijo mirándome firme y seria: «Fuck me. Fuck me hard, baby.»

Amelia

Es la única mujer que no oculta que me busca para disfrutar de mi dinero y de lo que con él se consigue. No me molesta su falta de hipocresía. Ella se conoce y me conoce. Claro, una mujer de esa magnitud satisface dentro y fuera de la cama.

Ya no me llama tanto. Pero cuando lo hace, no dejo de sonreír.

Claudia

No es fácil entender que una mujer logre con tan solo una sonrisa desarmarte y manipularte a su antojo. No es tan solo con su sonrisa, es también con su belleza, sensualidad, con su inteligencia y su entrega total a la hora que exige el cuerpo introducirse en el otro sin el amparo del recato. No puedo decir que la amé. No puedo decir que no la recuerdo. No es el tipo de mujer que se olvida, pero tampoco es el tipo de mujer que yo quiero ver todos los días. No es para suponer que ella es alguien incapaz de hacer feliz a un hombre, o a una mujer. No le abro las puertas de mi cuerpo y de mi mente a cualquiera. No es que prefiera a una mujer con un carácter sumiso; es que me enfurecía y me daba miedo. No un miedo de terror, sino uno que siento por no tener el control de nada, porque ella dictaba y dictaminaba con tanta meticulosidad que no había manera de debatirle ni tan siquiera un punto. No es que me sintiera como un inútil; es que ella creía que yo lo era con sus actitudes. No hablamos nunca de ese tema. No encontrábamos el momento idóneo para sentarnos a arreglar las cosas. No era una cuestión de un momento específico, más bien era que no me interesaba arreglar nada. No la quería en mi vida a largo plazo. No peleábamos de forma verbal y frontal, sino mental. No era esquiva mi reacción de molestia ante sus decisiones arbitrarias. No le importaba. No tenía la cortesía de decir: ¿Estás de acuerdo?

No enfocarme en esos detalles permitió que tuviera unos playoffs de ensueño y ganáramos la Serie Mundial. No la invité a la celebración, y tampoco la mencioné en la dedicación del Jugador Más Valioso de la Serie de Campeonato de la Liga Nacional. No me llamó para reclamarme. No me llamó más.

No creo que hice lo correcto al no hablar de mi posición en la relación. No es que me arrepienta de ignorarla cada vez que nos vemos en las firmas de contratos. No es que su orgullo me anima a hacerlo. No, no y no. Es solo que debí hacerle frente y olvidarme de su cuerpo, del vicio de su cuerpo.

Jennifer

La duda de si es lesbiana o no, ya no la tengo. Ella misma me lo dijo. Soy lesbiana. Lo que la gente comentaba la tenía sin cuidado. A mí también. Entonces, si es lesbiana, ¿qué hacía metiéndome la lengua hasta las amígdalas y sobándome la espalda aquella noche?

Pensar en el lesbianismo mientras una lesbiana en ese preciso momento te estimula sin prisa, con paciencia para que pienses en solo una cosa, es algo a lo que no le veo una conclusión definitiva.

Por la pasarela de esos pensamientos desfilaba la frustración de que enamorarla era imposible. De que era posible que me estaba besando por los varios tragos de ron tonic que se había tomado, o por mi confesión de que yo tenía una muy mala suerte por no poder satisfacer mis deseos carnales con ella.

Nos encontrábamos en la fiesta del cierre de temporada del equipo en una casa gigantesca en las afueras de San Luis, que los dueños rentaban para tales propósitos. La música contaba con DJ Tatiana en el patio exterior, con Gilberto Santa Rosa alternando con Toño Rosario en un salón enorme de la casa en el primer piso. Y en el segundo piso, un cuarteto comandado por Stanley Clarke en una sala alusiva a la época dorada del jazz. Había mucho por lo que celebrar. La gerencia no escatimó en gastos para una celebración a la altura de las circunstancias. El equipo ganó la Serie Mundial y generó ingresos nunca antes registrados. No es que lo quiera decir, pero lo voy a decir: por tercer año consecutivo el jersey que lleva mi nombre fue el más vendido.

Jennifer es la sobrina del coach de picheo. Él y yo nos llevamos de maravilla porque es un tipo que le gusta ganar. No es un conformista. Su grupo de trabajo tiene que estar enfocado en maximizar los recursos que tienen los pitchers para realizar una labor monticular de calidad. No descansa buscando alternativas y estrategias para anular los bates contrarios. Es un estudioso de esos detalles que parecen minúsculos, pero que a la larga o a la corta tienen un efecto positivo en el desempeño de cualquier lanzador, sea abridor, relevista, cerrador, de extraordinario talento o de talento. Detalles que van desde la posición del bateador contrario en el plato, hasta los gestos y el ánimo de sus lanzadores al momento de lanzar en cada entrada. Es algo parecido a un padre, a un psicólogo y a un amigo. Puedo decir que es mi amigo. Sí, es mi amigo.

Jennifer, cuando llegó a la fiesta, me buscó inmediatamente. Bueno, eso me dijo. Al verme, quiso jugarme una broma tapándome los ojos con sus manos frías y suaves, y preguntarme lo de siempre, ¿quién soy? Esa broma siempre me agrada cuando la hace una mujer que sabes que está sonriendo al taparte los ojos. Que sabes que de verdad se divierte haciéndolo. Le brindé de mi whiskey extendiéndoselo con el vaso descansando en la palma de mi mano; ella puso su mano debajo de la mía y asomó su nariz al vaso de cristal, lo que le provocó una mueca. «Ok, te busco tu ron tonic,» le dije. «Bacardí, acuérdate», me dijo. No se separó de mí. Yo, ganas no tenía de hacer lo contrario. Nos sentamos en un sofá lo más cómodo a mirar la timbalera de la orquesta de Gilberto Santa Rosa, y a criticar la ropa de la gente, lo que bebían, y cómo bailaban después de seis copas.

Bailamos y nos criticamos. Luego de seis copas nosotros éramos los peores bailadores en la pista. No nos dimos cuenta. Pero como nos miraban los demás, era evidente el ridículo. Abandonamos el sofá y el baile. Nos fuimos al balcón largo del segundo piso donde la gente comía tranquilamente con la mano entremeses servidos en platos pequeños de porcelana, sentada en sillas altas de madera oscura barnizada mirando lo que ocurría en el patio exterior. Y otros mirando a lo lejos, a las montañas y más allá de ellas. Luego de comer mariscos y galletas con antipastos nos fuimos a escuchar jazz. Allí, en la oscuridad del salón, en esos cubículos de dos asientos largos divididos por una mesa, en donde podías correr una cortinita roja para evitar las miradas, nos sentamos en el mismo asiento y nos besamos. Más bien, nos hacíamos una exploración meticulosa de nuestras amígdalas.

Hebe

Te escribo esta carta, aunque es probable que no la termines por el hastío que al parecer te causo. Por eso la he hecho corta, para que la probabilidad me favorezca.

Primero, felicitaciones por el juego de hoy. ¡Blanqueaste! Llevo la cuenta y es tu décima blanqueada de la temporada. A pesar de tu edad, mantienes un nivel aceptable. Jugar así, casi en el ocaso de una carrera de altos honores, debe hacerte sentir que aun puedes competir. No eres el único pitcher que a esa edad ha demostrado una calidad superlativa. Creo que Juan "Terín" Pizarro y Nolan Ryan te superan. Solo un poco, por supuesto.

La carta no es para hablar de béisbol; es para comunicarte que ya no soporto más ser la que te espera luego de tus viajes. Ya no soporto más los mensajes de textos a todas horas que llegan a tu puto celular y que te hacen reír, pero que te hacen reír como un casanova sin refinar. Y ya no soporto más el sonido de tu Messenger y mucho menos las fotos asquerosas que tienes ahí. Ya no.

Siempre fuiste claro conmigo. No tenías nada que ofrecerme. Aun así, creí... Fui una tonta.

Hebe,

La fanática # 1 de Pedro Martínez.

Es evidente que la leí completa. Y me dolió.

Javier Febo

Esperanza

Lamentablemente no es Esperanza Gómez. Si fuera la anterior, difícilmente estuviera ocupándome de escribir esto. ¿Para qué? Si con una dama así lo tienes todo. Empezando por el acento colombiano que es excitante, sabe bailar sin ropa, y cuando se la pone se ve mejor que sin ella. Único, ¿no? Nunca la he visto en persona, pero sé que cuando tiene sexo pide más y más y más, y además, dice cosas tan lindas cuando quiere más, que es un sueño.

Escribir acerca de la otra Esperanza no es mi propósito. Tal bifurcación no es apropiada. Pero me resulta inevitable pensar en la otra Esperanza, la Gómez, cuando escucho ese nombre. Ella, Esperanza Gómez, es la asociación que hace mi cerebro. ¿Qué puedo hacer? Si el cerebro es autónomo. Nadie controla a ese órgano vital. Está poseído por algo que hasta hoy nadie entiende. Y cuando digo que nadie entiende, me refiero a los científicos. ¿A quién más? Las cosas del cerebro no se las podemos dejar en manos de gente que opera a través de las oraciones y la fe. Si no lo saben, esa gente de oraciones y fe, mataron hace algunos siglos, a muchos científicos como Giordano Bruno, y por poco se va a pique Galileo Galilei. Y no menos importante, quemaron la biblioteca de Alejandría. No debería apartarme del tema de las Esperanzas, pero repito, ¿quién controla al cerebro?

Si Esperanza fuera Esperanza Gómez, es posible que no tuviera tantas quejas. No, no, es imposible. ¿En qué pienso, hombre? Quizá con ella fuera lo mismo. Somos seres humanos, no somos bacterias que actúan con perfección. Sí, sin duda sería lo mismo. Al principio todo es maravilloso, porque no hay un conocimiento a fondo de quién es la otra persona. Cubrimos todas las imperfecciones con el enamoramiento, que según dicen, dura menos de cinco años. Todo se jode cuando la confianza llega y se quiere apoderar de esa dulce corta distancia que permite que la imaginación juegue el papel del ilusionista.

¡Mierda! Sí, una mierda.

71

Mayte

Es gorda. ¿Qué puede significar tal adjetivo? ¿Qué puede ser fea o nada atractiva? Sin duda, la última pregunta merece un adverbio como respuesta: NO. Es hermosa y sumamente atractiva. Es gorda, puede sonar despectivo u ofensivo por cómo la sociedad se deja manipular por unos grupos de poder. Si no eres flaco, flaca, musculoso, musculosa no entras en el canon de la belleza. No estoy de acuerdo. Mayte es la mujer más hermosa con la que he estado. Y si escribo de las cosas que me hizo en el cuerpo no termino. Algunos amigos me decían: "¡Wow! Qué linda. Qué pena que esté gordita." Para mí no era ninguna pena. Me gustaba y me sigue gustando. No solo por su belleza; también, porque no se cohíbe de enseñar sus atractivos. Sus senos, sus nalgas poseen un volumen que no deja indiferente a nadie. Sabe cómo exhibirlos sin llegar a lo vulgar o a lo ridículo. No tiene miedo de ir a la playa y ponerse unos bikinis. No le incomodan la celulitis, las venas varicosas ni nada por el estilo. Es tan segura de sí, que la palabra complejo no existe en su cerebro.

Sabe que es hermosa. Sabe que sus ojos azules, sus labios gruesos, sus dientes derechitos, su pelo lacio largo y negro, su piel bronceada, su risa elegante, y su mirada sensual y penetrante dejan atrás todo lo que a la sociedad le han predeterminado. No tiene ningún pudor a la hora de cenar. Se come todo. Y bebe vino a cualquier ritmo. Suave o rapidito. Todo dependerá del plan luego de la cena. Habla de cualquier cosa, de libros, de deportes, en especial de boxeo, pero más de cine. Las películas de Christopher Nolan, Mateo Gil, Lucrecia Martel, Sofia Coppola, Michael Haneke y las de Paula Ortiz siempre salían a modo de comparación. La serie de películas de *Batman*, de Nolan, le parecen fascinantes por la vuelta que les dio a los personajes. El Guasón dice cosas desconcertantes y Batman es humano, no un ser apoderado de invulnerabilidad. *Inception,* es otra cosa. Sabe hacer con mucho dinero un gran cine, a diferencia de otros que tienen mucho dinero también, pero poca imaginación. Mateo, me decía, hace una gran pareja con Amenábar como guionista, y que su película *Nadie conoce a nadie* es genial. *Zama*, de Lucrecia

Martel le pareció un trabajo de altura. *Lost in Translation*, de Sofia, es una joya para ella y para mí. *Amour*, de Haneke es impactante para los dos también. Y *La novia*, de Paula Ortiz, para Mayte es perfecta, excelsa, y asombrosa. Para mí, no es para tanto.

Lo de nosotros no funcionó. No porque dejamos de querernos. Sino porque Mayte necesitaba un hombre con tiempo para ella. Eso de la espera no iba con ella. Su pareja debía llegar a la casa todos los días. Ella no aseguraba fidelidad si no era así. No creía en la fidelidad a toda costa. Por el bien de los dos decidimos tomar caminos distintos no sin antes hacernos una promesa de comunicarnos y tener sexo, aunque sea una vez al año. Un cuerpo así, no lo puedo perder para siempre. Tampoco su personalidad y compañía.

La deseo tanto.

Elvira

¿Es de locos dibujar el sonido y ver colores cuando se escucha música? No es de locos, es sinestesia.

Elvira es sinestésica como lo era Wassily Kandinsky. Además, es ilustradora de cómics, de novelas gráficas y de todo lo que necesite un dibujo. Ha trabajado para varias editoriales como Image Comics, Oni Press, Planeta Cómic, entre otras. La conocí gracias a un compañero de equipo que es amante de sus trabajos. Aramis es un devorador de novelas gráficas, en especial las que ella ilustra. Me dice que leer y ver los dibujos que enriquecen la lectura lo relaja. Que esa literatura gráfica que él lee nada tiene que ver con cosas de súper héroes y de niños. Está muy lejos de ser un género inocente y extravagante. Toca temas de toda índole. No tiene una línea editorial. Es libre. Continuaba diciéndome que un ejemplo que sella el debate es *Maus*, de Art Spiegelman. «Es una novela que habla del holocausto judío, entre otras cosas, por supuesto. No soy de los que piensan que un libro trata de un tema en específico. Un libro es un universo», culminó.

Aramis antes de cada juego las lee. ¿Cuál es la diferencia entre leer o no leer? No lo sé. Lo que sé es que le funciona. Es uno de los mejores relevistas del equipo. Se le tiene mucha confianza. Cuando completo mis 6 o 7 entradas y es él el que va a continuar en el juego, me tranquilizo. No es fácil asimilar dejar un juego con ventaja y que el relevo no haga bien su trabajo, permitiendo un empate o una derrota. No tener decisión o no ganar, en el peor de los casos, por culpa de un lanzador desconectado de su responsabilidad, me causa furia, mucha furia. No por suerte la efectividad, capacidad de ponchar y control de Aramis son de los mejores en la liga. Trabaja a diario la mecánica de sus lanzamientos, y es un obsesivo estudioso de sus contrincantes. Puedo decir que tiene el mismo estilo de Pedro Feliciano, aguerrido y certero.

Mi compañero conoció a Elvira en una convención de cómics en

74

Chicago. Enigmáticamente se hicieron amigos. Es un enigma porque Aramis no habla con mucha gente. Solo habla con el coach de picheo y conmigo. En los dos años que lleva en el equipo no lo he visto hablar con nadie por más de cinco minutos. Es un tipo tímido, y para rematar, tiene un aspecto malhumorado y serio. Pero es solo su aspecto, porque para nada él es así. Sí es un tipo tímido y serio, pero no es malhumorado y mucho menos es violento. La gente con ese aspecto me reta. Me reta a conocerlos, a inmiscuirme con respeto y permiso en sus vidas. Con Aramis el atrevimiento salió a todo dar. Conocí a Elvira.

Elvira es mi fan. Me lo demostró enseñándome unas fotos lanzando en el Yankee Stadium y Fenway Park. Saben, la odié cuando me dijo que nunca había ido al Busch Stadium. Lo de odiar es broma. Jamás odiaría a una mujer como ella. El día que Aramis me la presentó en el lobby de un hotel en Los Ángeles, se empezaron a ilustrar a colores las páginas de una historia que hasta hoy añoro y deseo volver a repetir.

Con ella descubrí que existen cosas que no tienen explicación. Que existen cosas que no vamos a ver y que quisiéramos ver antes de morir. Que transformarnos en otra cosa es posible. Con ella descubrí que solo la imaginación puede llegar donde la realidad nunca se ha preocupado por llegar. Y con ella descubrí que la vida no es tan solo para desatar las pasiones, sino también para la contemplación y para imaginar que un solo mundo es insuficiente.

Carlota

No quiero sonar vulgar. Tampoco quiero que piensen que soy un enfermo sexual. La verdad es que no puedo dejar de pensar en algo que puede ser extraño. Es algo que se supone que uno calle para que los demás no piensen que uno es depravado o un idiota que anda contando su vida íntima con quien se le cruza al frente. Lo de contar la vida íntima con cualquiera pasa mucho en la fila para objetar la factura de la luz. La gente se aburre, se desespera ante lo que parece no tiene final. Piensan que van a morir esperando. Piensan que si los demás no saben lo que les pasa, podrían sufrir de la misma manera, o quizá un poco más. Es como un activismo al azar. Lo raro del asunto es que el que cuenta la historia siempre es el inocente, o la víctima, o el justiciero. La bondad le aflora por los labios. Según ellos, al igual que Jean Paul Sartre, el infierno son los demás. No lo piensan así, porque dudo que sepan quién es Jean Paul Sartre, porque si supieran quién es Jean Paul Sartre, dudo que estuvieran hablando de sus vidas. Creo que estarían hablando de la vida y sus consecuencias, pero de una forma que casi nadie entendería. Y les pasaría como les pasa a los que suelen predicar el evangelio según Jesucristo en las oficinas médicas, etcétera. Que nadie los quiere oír. Y esos que no quieren oír, desean que el mismo dios que creó a Jesucristo, Jehová, enmudezca para siempre al o a la imprudente. No debería escribir lo siguiente, pero es que no puedo contenerme. Yo deseo lo mismo, que se calle hasta que llegue a su casa, y fastidie a su esposa o esposo, hijos, hijas y nietos (si tiene) con la profecía del fin del mundo, y de que todos, si no nos arrepentimos hasta el polvo de la tierra, vamos a arder como estopa en el lago de fuego.

Carlota no tiene mucha paciencia con los ancianos que piensan que porque son ancianos se las saben todas. Cuando surge de la nada el tema de la política, de los corruptos del país y de lo mal que nos va, siempre sale alguien, la mayoría de las veces ancianos, que dice que nos hemos alejado de dios. Y es por eso que no estamos bien. Carlota aprovecha la situación para hacerles preguntas que hasta a mí me molestarían. Si ella quiere probar ante los que están en la oficina que el viejito es un idiota, es problema de ella. Yo no me meto. Los dejo destusarse hasta que se cansen. Lamentablemente, Carlota no se cansa. Sigue y sigue hasta que los demás se rinden. Lo digo por experiencia. Siempre gana o siempre tiene la última palabra, no por los argumentos que pueden ser válidos o no tan válidos, sino porque habla y habla hasta el fastidio. La boca se le puede ensalivar hasta hacérsele visible por las comisuras, y sigue, sigue y sigue hasta que le dices: "Ok. No hay problema. Tienes razón." No es que tenga la razón necesariamente. Es que, carajo, no quiero que pase una semana antes de que se calle.

No quiero sonar vulgar, pero es que los pezones de Carlota son tan largos, que no puedo dejar de pensar en ellos.

Virginia

Tiene una obsesión con los faros. Colecciona fotos, libros, documentales, figuras de cerámica y todo lo relacionado a ellos. Los visita por todo el país para estar horas contemplándolos y, a mi parecer, detallándolos en una libretita. Tiene más de una veintena escritas y por escribir. Libretitas con fotos de faros en la noche, en la tarde y en la mañana. No sé qué tanto escribe acerca de los faros. Todos son relativamente iguales. Para ella es indiscutible que no. ¿Qué busca? Algo tiene de misterioso. Una vez le pedí que me dejara ver algunas de las libretitas para leer lo que escribía y así satisfacer mi curiosidad. Su respuesta fue contundente: No. Pero fue un No con rudeza, como si lo que estuviera plasmado en esas libretitas tuviera que ver con algo que está en una zona restringida y de alta confidencialidad. Fue la primera y última vez que le pedí permiso. La segunda vez que me dio curiosidad, no le pedí permiso. Estábamos en su casa de playa. Una casa blanca, con piso de madera reluciente, equipada con fornitura azul turquesa y crema, y cuadros de fotos y pinturas de faros por todas las paredes, más bien, por todos lados. Yo atendía una llamada de mi agente mientras Virginia me invitaba con mímicas, para no interrumpirme, a darnos un chapuzón en el mar. Decidió ir sola cuando, también con mímicas, le contesté que no podía. Caminaba lentamente por el camino que daba al mar. Cuando terminé con mi agente, la vi a través de la puerta corrediza dándole patadas a las olas que llegaban a la orilla sonriendo y agarrándose la pamela. En ese preciso momento sentí un impulso. Fui al clóset, y ya ahí, delante de las libretitas, a mi disposición, no pude abrirlas. Sentí que me observaban. Salí del closet de inmediato en dirección al mar. Virginia me miraba y no paraba de sonreír. Me dije: ¿Qué esconde esta mujer? La abracé por la espalda. Le besé el cuello. Le dije en tono de broma que era una loca. Ella era toda sonrisa. Cogió mi mano lentamente y se la puso en su vagina. Palpé sus vellos púbicos y los deseé tener en mi boca junto a su clítoris. No los tenía ni muy cortos ni muy largos. Guardaban una simetría especial. Cogió mi otra mano y se la puso en un seno. Seno suave, pezón casi escondido, y areola grande achocolatada. Con la brisa soplando sin tregua, nuestros cuerpos fueron uno. La arena, el agua, la sal, los caracoles, los peces, las algas, nos cedieron su hábitat sin protestar. Saben que el ser humano ante esas instancias encuentra cualquier lugar, no importa cuál, como el inigualable. El lugar imperfecto e incómodo no existe. Sea cual sea, no importa, adquiere un matiz único por el solo hecho de permitir un acto que no tiene comparación con nada sobre este planeta. Se puede carecer de unas velas encendidas con un aroma afrodisiaco, de una comida exquisita, de una cama aterciopelada con pétalos de rosa por todos lados, y de los demás artilugios para una entrega perfecta al otro. Pero, en lo que realmente se piensa con cierto nerviosismo en el momento del encuentro, es cuándo va a empezar lo de quitarse la ropa.

Allí, en aquella playa de orilla plana y ancha. Allí, a lo lejos, el faro no dejaba de hacer lo que siempre ha hecho.

Emily

La conocí gracias a su padre, el profesor y poeta Federic Michelson. Poeta de la generación escondida. Según conozco, fueron poetas que en su tiempo no fueron reconocidos por los que ejercían el canon literario o jerarquizaban lo que se "debía" leer en la época. Fueron poetas de un gran lirismo pero que se negaron a ajustarse a lo que estaba de moda. Quedaron relegados por otras generaciones o grupos que sí decidieron darle al lector una poesía narrativa, naturalista, transgresora, más apegada a los males de la sociedad. Y una poesía que se podía escribir en los muros de la ciudad. A ellos no les importó la fama de aquellos que decidieron darle a la poesía una pobreza en la complejidad estructural y lingüística. Decidieron vivir y morir con su estilo. Estilo que hoy se recuerda por su intensidad testimonial, por lo onírico, y por un intento de exploración existencial que intentaba ser total.

No conocía a su padre por la poesía. Conocí de su poesía por Emily, que lo veneraba y odiaba a la misma vez. Algo que solo ella entiende. Sí conocí a Federic en el parque de béisbol. Es fanático de los Cardenales de San Luis. Un fanático para nada pasivo. No es ese que va a disfrutar en tranquilidad de una tarde o una noche con el equipo que lo representa. Federic es del otro tipo. De los que gritan, insultan a los árbitros y tiran hielo al campo. No sé si es raro que un poeta se comporte así. Bueno, no es raro dado a los excesos de algunos como Charles Baudelaire, Edgar Allan Poe y Dylan Thomas, entre otros. No importa lo que haces en la soledad con los efluvios del intelecto; si tienes talento, serás admirado. Lo que importa en el terreno de juego es lo que haces por tu equipo, esté ganando o perdiendo. Y por supuesto, lo que importa es ser odiado por la fanaticada del otro equipo en tu propio parque. Federic no se inhibe a la hora de agitar a todos los que le rodean. Tiene el poder de contagiar, de alborotar de tal forma a la fanaticada que se tornan incontrolables. La mayoría termina el partido afónica y con dolores en la espalda, pero con un goce inolvidable. Por eso y más conozco al poeta. Accedía a firmarle todo lo que me traía, camisetas, gorras, bolas, guantes, tarjetas, bates y no sé qué más. Un día me llamó de una forma diferente. Creo porque llevaba por primera vez a su hija al estadio. Fue el día en que conocí a Emily. En todo el partido no se escuchó la voz del poeta. Estaba tranquilo comiendo hot dog y bebiendo cerveza al lado de su hija, que solo bebía agua. Antes de que terminara el juego le doy al bat boy una nota para que se la diera a Federic, y las instrucciones de lo que debía decirle y luego decirme. Los citaba a él y a su hija a un restaurante cerca del estadio. Aceptaron.

En el restaurante la conversación giró en torno a lo que se dedicaba Emily. Mientras ella explicaba pude percatarme de un frenillo que no le desfavorecía. Al contrario, le daba un toque tierno a su tono de hablar y un "No me importa tenerlo. Soy feliz con él." Me gusta la gente sin complejos, y también la gente que disimula que no los tienen.

Emily estudió tanatología. Nos explicaba con los siguientes argumentos: «El proceso de aceptar la realidad, de aceptar que te vas a morir necesita de profesionales, no de creencias religiosas y culturales. Ante el miedo y el desasosiego que provoca, se necesita un proceso en el que la muerte adquiera una sensación de libertad y respeto. En ese terreno es donde la tanatología juega un papel fundamental. La curva, la recta, el slider, el screwball, el cutter, no debe bajar de 100 millas por hora en tales circunstancias. Y nada de carreras sucias o limpias. La efectividad tiene que estar en 0.00. No es fácil, pero es el objetivo.»

Emily me dejó sorprendido. Luego de decir todo lo que dijo, se sirvió y se bebió la poca cerveza que quedaba en la jarra mirando las 10 jugadas del día de SportCenter.

Los días pasaron sin animarme a llamarla. La falta de ánimo no se debía a que no me interesara. Es una mujer bella, de cuerpo atlético, inteligente e interesada en el bienestar de los demás. Con menos que eso es más que suficiente para mí. Creo que tenía que ver por mis fracasos recientes. Una mujer como ella, con un trabajo tan delicado y vital ante personas vulnerables, no se podía permitir pasar por decepciones como las que yo le podía proporcionar de forma gratuita. A lo mejor sí podía resistirlo. Quién sabe cuántas decepciones ha sufrido y su profesionalismo se ha mantenido intacto. Pero no todos somos iguales. Sé que no debo elegir por nadie lo que le conviene o no. Además, no la conocía lo suficiente para asumir lo que estaba asumiendo. Estaba ante una situación imaginaria sin sentido. Atado ante una posibilidad entre tantas posibilidades.

Decidí llamarla un domingo antes de comenzar un juego que teníamos ante los Padres en San Diego. El día anterior había lanzado una blanqueada. La novena de la temporada. Ya se hablaba de que era un candidato fuerte a ganar el Cy Young. Me sentía eufórico. El tercer Cy Young consagraba una carrera y colocaba la alfombra roja para entrar a Cooperstown. Ante esa situación llamar a Emily se me hizo fácil. No contestó. Le dejé un mensaje de voz pidiéndole que cuando pudiera me llamara. Estuve esperando su llamada toda la noche y nada. No llamó. Al otro día en la mañana recibí un mensaje de texto. Era ella. Decía lo siguiente: Te llamo dentro de una hora. No llamó. Le devolví el mensaje de texto diciéndole lo siguiente: Hola. Me debes una llamada. Bye. A las tres horas recibo otro mensaje. Javier, no puedo llamarte. Acaba de morir. ¿Acaba de morir? Me pregunté. A lo mejor tiene que ver con un paciente. No volví a molestarla.

A los dos días recibí un mensaje de Emily. ¿Te puedo llamar?, decía. No lo pude contestar de inmediato porque estaba en un entrenamiento. Y como no soy de los que se pasa con el teléfono en la mano, lo vi tarde en la noche. Decidí no llamarla a esas horas por si madrugaba al otro día. A las once de la mañana del otro día decidí enviarle un mensaje de disculpa. Lo aceptó y me llamó. Estuvimos hablando alrededor de tres horas. Horas que pasaron volando. Cuando se deja de tener conciencia del tiempo la vida se acelera. Se acelera adrede, para ejercer una especie de venganza ante lo que logra desconectar al ser humano de ciertas realidades.

Salimos, nos enamoramos y fracasamos.

Victoria

Es actriz. De las raras, de las que están en contra de lo establecido, de las que lo dan todo pase lo que pase. Son de las que están hecha de otra madera. No se inhiben a la hora de representar un papel complicado, en el que la exigencia dramática es crucial para transmitirle al espectador lo que necesita para afrontar su otra realidad. Si hay que gritar, se grita. Si hay que gemir, se gime. Si hay que ser soez, se es soez. Si no hay más remedio que gozar, se goza. Ser actriz en esas condiciones suele ser gratificante. Se emplea todo. No todas logran transmitir con coraje lo que el personaje por antonomasia requiere. La visceralidad, lo que sale de adentro, del espíritu, de la fantasía, de lo prohibido. No se logran los objetivos con la puesta en escena de una mujer tímida, sin soltura, que no cierra los ojos, y que a la hora del acto absoluto muestra una cara de arrepentimiento. Considero que no debe ser fácil entregarse por completo ante un desconocido. No sabes de dónde viene, qué le gusta, qué le disgusta, si es violento, pasivo, si tiene experiencia, si debes guiarlo, si no se ampara en el guion y prefiere improvisar. Son detalles que al conocerlos, la escena puede adquirir un valor adicional.

Victoria no aspira a ganar un Oso de Oro ni de Plata en el Festival de cine de Berlín, ni la Palma de Oro en el Festival de Cannes. Para ella ser actriz no significa loores ni glamour. Significa energía. Poseer esa energía que transforme un acto común y corriente en una experiencia inigualable es su aspiración. Es la forma de compenetrarse con el otro, de conectarse hasta el cansancio. Es la energía que busca quien quiera verla. Quien quiera verla no tan solo busca una interpretación fascinante y acaparadora. Busca ese algo que lo estimule a ir más allá de sus posibilidades.

Cuando la conocí no llevaba maquillaje, pero sí espejuelos. Tenía el pelo recogido con un moño. Vestía un mahón corto azul desgastado a la mitad del muslo, ajustadísimo, y una camiseta blanca con cuello en forma de v que permitía ver la mitad del sendero que divide los senos. No llevaba sostén. Ya se pueden imaginar lo difícil que se me hizo concentrarme en sus ojos. Sus senos no son ni pequeños ni grandes. Diría que tienen el tamaño exacto para exhibirlos con elegancia. A la mujer que exhibe sus atributos físicos le adjudico puntos adicionales. Ahora que lo pienso, tiene un parecido a Nyomi Banks. No tanto en su físico, pero sí en las facciones de la cara. No la conocí por casualidad. Fue gracias a la prima de un amigo de un compañero de equipo que deseaba ir a ver en concierto a Esperanza Spalding en el Festival de Jazz de San Luis. No conocía su música. Hubiera preferido asistir a uno de Lyambiko. Pero me insistieron tanto que accedí. Cuando terminó el concierto, Esperanza tenía un nuevo fan, y yo a alguien a quien besar.

Victoria acompañó a Jada, la prima del amigo de mi compañero. Son amigas y también actrices. Solo a Jada y a mí nos gusta el jazz. A Victoria le gusta el rap, el hip hop, el gangsta rap, horrorcore, g-funk, y el rhythm and blues. Al amigo de mi compañero no sé lo que le gusta. Apenas hablamos. Y a mi compañero de equipo le gusta la bachata, el merengue y el reggaetón. Aparte de Jada y de mí, ¿qué hacían los demás en un festival de jazz? Fácil. El amigo de mi compañero quería conocer a Victoria. Mi compañero de equipo quería sexo con Jada. Y yo, salía sobrando. ¿Entonces? Por casualidad coincidimos en el mismo bar. Ellos antes de ir al festival decidieron comer alitas fritas picantes y beberse unas cuantas cervezas. Al verme solo bebiendo mi acostumbrado bourbon, se apiadaron de mí, según ellos. La realidad, y perdón por ser tan honesto, lo que hicieron fue molestarme. Esa tarde había lanzado 7 entradas, permití una carrera, ninguna base por bolas y solo 4 hits. Fue una salida de calidad. Como siempre. Con ese juego asegurábamos el banderín de la división. Por eso me tocó a mí, a pesar de tener solo cuatro días de descanso. Accedí porque los fanáticos a través de toda la temporada me apoyaron como nunca. Y quería ser yo el que le pusiera el banderín en sus manos. Teníamos la noche libre y quería beber y estar solo. Tenía a Silvina, a Emily y a Mayte en la cabeza. Pero, y repito, insistieron tanto, en especial Victoria, halándome por los brazos y empujándome por los hombros, que no tuve más remedio que aceptar.

Al acabar el concierto aun teníamos energía. No sé si por la música o el exceso de alcohol, en el caso de los demás. En mi caso era por todo lo anterior, y por cómo bailaba Victoria rozándome la entrepierna con sus nalgas. Tuve varias erecciones. Era difícil contenerme. Cuando ella lo notaba, se viraba, me miraba a los ojos, me acariciaba la mejilla y sonreía. Era una provocadora profesional. Decidimos ir al mismo bar donde nos encontramos. Antes de salir hacia el estacionamiento Jada se da cuenta que no está con ellos su primo y amigo de mi compañero de equipo. Victoria dijo que a lo mejor fue al baño. Mi compañero de equipo afirmó lo que dijo Victoria, pero añadió que había pasado bastante tiempo desde que se lo dijo. Le llamó y no contestó. Le envió un mensaje de texto. A los cinco minutos le respondió: «Estoy bien. Conocí a alguien. Nos vemos.» Era mentira. Las alitas le cayeron mal. Es intolerante al pique. Pero como no quería parecer un tipo débil ante Victoria, amante del pique, decidió probar suerte. Una suerte que casi le cuesta cagarse encima.

Al cerciorarnos que todo estaba bien, seguimos con el plan. Plan que a la media hora se esfumó. Victoria quería llevarme a su casa. Estaba en las postrimerías de la ebriedad. Postrimerías que hace que la ropa incomode, los nervios vibren y el sexo quiera sexo. La magia del alcohol no tiene truco. Es fiel a sus principios. No engaña. Antes de someterte a ella lo sabes todo. Sabes que te afecta la memoria. Sabes lo violento o pacífico que te vuelves. Sabes que género te atrae más bajo su ilusionismo. Sabes de lo peligroso que puede ser conducir bajo sus efectos. Y sabes de la resaca. De la famosa resaca.

Cada vez que decido beber bourbon, voy al bar en taxi y regreso a casa en taxi. Cuando Victoria me vio en plena calle pidiendo uno se sorprendió. Me imagino que se preguntaría: Un tipo con tanto dinero y pidiendo un taxi. ¿Por qué no contrata un chofer para uno de sus muchos carros? No tengo muchos carros. Prefiero las casas, los libros raros y la fotografía artística. Las casas me sirven de templo, de remanso. Los libros abren las puertas de lo que imaginamos pero no podemos explicar. La fotografía es el congelamiento de la vida. La vida en pausa. La vida en un instante. No me importa la opinión de los demás, me importa la mía.

Llegamos a su apartamento. Desde lo alto la ciudad adquiere otra dimensión. En ese pensamiento estaba cuando Victoria me desabotona el pantalón, me baja el zíper y empieza a masturbarme mientras me besa el cuello, la boca, me lame las tetillas, me aprieta las nalgas y a intervalos cortos se roza la vagina con mi pene en su mano. Es de lo único que me acuerdo. Al despertar al otro día estaba aturdido. Después de un rato me doy cuenta que Victoria está en la cocina. Se escucha cuando abre y cierra la nevera, el microondas, el sonido del microondas al terminar, el choque de los vasos, las tazas, los platos, el crujir de la comida en el sartén. Y se huele lo que está en el sartén y lo que se está haciendo en la cafetera. Salgo de la habitación y me encuentro con una mujer más hermosa que el día anterior. Sonríe mientras prepara todo lo que piensa me va a gustar.

— No te pregunto cómo estás, porque sé que estás jodío, — me dice.

Ya todo preparado comenzamos a comer en silencio. Llegó el momento en que el silencio se tornó insostenible. Decidí romperlo.

— Está muy rico todo esto. Gracias.

— Te iba a preparar un sándwich, pero creo que esto es mejor. Más completo.

— Sí. Me gusta.

— La tortilla con queso de cabra, salmón y espinacas me encanta. Además de sabroso es saludable. Es mi combinación favorita. Aunque como cosas que no son saludables como el pollo frito, las papas fritas, la tocineta, las alitas fritas picantes, que ya tú sabes que me fascinan con cerveza. Creo que mantengo la balanza mucho más inclinada hacia lo saludable.

— Comer cosas que no son saludables es parte del disfrute de estar vivo. Retar al cuerpo con cosas que no le hacen bien le ayuda a resistir, a ser fuerte. Victoria, el jugo está buenísimo.

— Lo hice con los limones del huerto de mi padre. Sabe diferente. Es más intenso.

— ¿Cómo estuve?

— ¿A qué te refieres?

— A cómo estuve anoche. En la cama.

— No recuerdo.

— ¿Cómo que no recuerdas?

— Yo también estaba borracha.

— Pero no tanto como yo.

— No sé si no tanto como tú.

— Me acuerdo que me bajaste el zíper y me lo mamaste por un rato. Luego de eso, no me acuerdo de nada.

— Me dijiste: «Discúlpame, ya son casi las doce de la noche, tengo que dormir. Será otro día.»

— Qué vergüenza.

— ¿Y qué hiciste?

— Me masturbé mirándote y frotándote el pene.

— No te rindes.

— Jamás. A pesar de tus ronquidos.

— Solo un poco cuando bebo de más.

— Yo no diría que roncas un poco. Diría demasiado.

— No exageres.

— No exagero, de verdad.

— Me gustas.

Victoria, al escuchar lo que le dije, miró hacia su plato vacío como desconcertada.

Al alzar la mirada, me dijo: «Yo solo quiero aventuras, conocer gente, disfrutar de la vida, no sentir amarras y no solo acostarme con un hombre. Necesito descubrir muchas cosas. No creo en la reencarnación, y mucho menos en una vida en el cielo. Creo en mí, en lo que en mí hay, y lo que hay en los demás. Una vida, solo una. Tú también me gustas. Pero eres peligroso. O sea, tienes todo para volverme loca. Por lo tanto, debo pensar bien las cosas. No ser impulsiva. Soy muy joven para parar el viaje.»

Ahora tengo a cuatro mujeres en la cabeza.

Clarice

Cruzamos las miradas. No dejaba de mirarme y me dice:

— Tú eres el beisbolista puertorriqueño que muchos odian en esta ciudad.

— Yo creía que me amaban — comenté.

— Sabes que no. Creo que soy la única mujer en Chicago que te ama.

— Tengo suerte. Creía que me iba a tirar con el café en la cara.

— No es para tanto. La pasión por el deporte a veces ciega, pero no creo que yo pueda llegar a ese extremismo. Nos podemos sentar si quieres. Si no tienes prisa.

— Claro que quiero. Y ya no tengo prisa.

— Si mi nieto menor supiera que estoy sentada junto a ti se volvería loco. Eres su pitcher favorito. Tiene una colección de tus tarjetas y posters guardadas en un cajón secreto. Nadie lo sabe excepto yo. El guante que lleva tu nombre se lo regalé hace tres años a escondidas de su padre, madre y de su hermano mayor. Ellos son acérrimos fanáticos de los Cubs. Soy diferentes a ellos porque nací en San Luis. Y extraño a San Luis. Es una ciudad tranquila, amable y sin la atención mediática de otras ciudades. Perdona que hable bajito. Estamos en tierra enemiga.

— No se preocupe. Tengo buen oído. Una cosa: me sorprende que tenga nietos.

— Oh. Muchas gracias.

— En serio. Usted se me parece mucho a Kim Cattrall. Por supuesto, sin las arrugas.

— Si es un cumplido, le ha quedado muy bien.

— Si es un cumplido, es con la única intención de decir lo que pienso.

— Fíjese. Cuando hablas con los periodistas me da la impresión de que te burlas de ellos. Eres sarcástico, y en ocasiones muy cruel. La verdad, amo que los trates así. Bueno, no amo que los trates así, pero… Es como un stand-up comedy colectivo.

— Mi intención es desviarlos de su propósito. Que casi siempre es incomodarme haciéndome preguntas tontas para luego tener de dónde cortar para sus programas. No les interesa lo que pasa en el juego. Lo que les interesa es el chisme y mis opiniones. Las cuales, la mayoría, son controversiales para los que están acostumbrados a escuchar mentiras.

— Veo que contigo no hay intermedios. O te aman o te odian, — comentó Clarice.

— Me gusta que sea así. No soy de los que pasan paños tibios.

— He visto en internet las fotos que te han tirado leyendo. ¿Qué lees?

— Leo más que todo ensayo. De economía, filosofía, historia, deportes, arte y de sociología, entre otros, — le contesté.

— ¿Lees novelas?

— Pocas. Pero sí, leo novelas. Hace unos meses leí una de Patricia Highsmith, *Mar de fondo.*

— De ella he leído varias. Pero prefiero a Fred Vargas. En especial la novela *Cuando sale la reclusa.*

— No la he leído. La apunto.

— Es extraordinaria.

— ¿Le pido otro café?

— Prefiero una cerveza.

90

— Como no. Yo también.

— No soy periodista. Por si te lo estás preguntando.

— Me lo estaba preguntando. Si la periodista es guapa como usted, no tengo ningún problema. Podemos estar todo el día charlando.

— Me das risa. Todo el día charlando con una vieja.

— Si usted se considera vieja, yo debo considerarme un neandertal. Como mínimo.

— No he conocido muchos puertorriqueños, pero tú, eres un Don Juan.

— No siempre tengo la suerte de que una dama hermosa me invite a sentarme con ella.

— Debes tener mucha experiencia en este tipo de situación.

— Este tipo de situación es único, porque se trata de usted.

— Sí, tienes experiencia. Las palabras te fluyen con precisión mirándome a los ojos. Estás muy cerca de ser un poeta.

— Lo soy. Solo con usted. Solo contigo — le confirmé a Clarice.

— El usted me estaba incomodando después de tanta poesía. Solo contigo, me gusta más. Vámonos de aquí.

Llegamos a su apartamento que estaba a cinco minutos del café. Todo estaba en su lugar. Excepto una foto de ella y un hombre besándose. Pensé que lo más probable era su marido.

— No te preocupes — me dijo al ver que me detuve frente a la foto. —Murió hace ya un tiempo. He amado a unos cuantos hombres, pero a ese lo amé como a nadie. No porque fuera guapo y adinerado. Ninguna de las dos cosas. Es que era un amante sin igual. Me disfrutaba como nadie. Sentía cada vez que teníamos sexo, que para él no existiría otro día para amarme, solo ese, y debía aprovecharlo al máximo. No existía el futuro. Me devoraba como si después de todo, al próximo segundo, fuera a fallecer. Era auténtico. No poseía máscaras. Además, tenía un pene enorme. No te asuste. No te exijo nada.

Clarice dijo todo eso mientras sacaba de la nevera unas botellas de cerveza y las abría. Al entregarme la cerveza, me miró como si no hubiera dicho nada. Pero no pudo contener las varias carcajadas para que yo saliera del desasosiego.

Fue un mediodía que no olvido. Eran las 12:31 cuando entramos al apartamento. Cuando salí, eran las 12:07 de la medianoche. Hicimos de todo. Hasta permití que me lamiera el culo.

Zadie

Oh, Zadie, Zadie.

Unos versos, versos

para unos besos, besos.

No soy poeta. No tengo ni la pinta ni la sensibilidad. Los versos son parte de un poema que escribió un poeta desconocido en Puerto Rico. Creo que todos; bueno, no todos, son desconocidos. Existen dos excepciones: Luis Palés Matos y Julia de Burgos. Si salgo a la calle y pregunto por un poeta puertorriqueño nacido en las años setentas estoy seguro que nadie podrá mencionar ni uno. Es normal. Hemos dejado de ser homo sapiens para ser homo videns. No sé si es un escalafón hacia abajo, pero no me preocupo. La gente está más ocupada en matar el tiempo que aprovechar el tiempo. Todo esto me acuerda a un libro que escribió Giovanni Sartori.

Originalmente el poema dice:

Oh, Carmen, Carmen.

Unos versos, versos

para unos besos, besos.

Recuerdo a Zadie no por inolvidable. No. Lo que pasa es que el día que la conocí en el vestíbulo de un hotel en Atlanta, había lanzado mi segundo no hitter de mi carrera. Y también, lo tengo que decir, ella había dejado todo lo que estaba haciendo para sentarse en la mesa donde yo estaba bebiéndome un bourbon con hielo para proponerme escribir mi biografía. «Así, como la de Andre Agassi», me dijo, enseñándome el libro con las dos manos y con la palabra Open en amarillo. No la mandé al carajo porque era sexy. El porte al caminar, el turbante, los aretes grandes y redondos, los labios pintados de rojo y una chaqueta mahón la hacían lucir diferente, fuera de los parámetros. Si llevaba falda o pantalón, no me acuerdo. Me concentré desde la cintura hacia arriba. Y luego de unos días, en su inteligencia. No tuvimos sexo. Es casada. Un impedimento solo para ella. A mí me da lo mismo casada o no. Basta y me sobra con quitarle el turbante y una revolcadera. A fin de cuentas no salí mal. Nos dimos un beso una vez, luego de que salimos de un café en Londres. Un beso largo, muy largo, con sabor a café mocha.

Lo de la biografía está en pie. Porque la verdad, si va a escribir la biografía como escribe sus novelas, estoy en buenas manos.

Margaret

Nunca había visto un juego de tenis en vivo en mi vida. Y menos un Abierto. Me sentí raro con la invitación. Tanto el tenis como el golf, los siento lejanos. Son deportes que representan una idea con la cual no concurro. El fanático tiene que estar en silencio. Solo aplaude en momentos puntuales del juego. Y el acceso a ellos dependerá de otras cosas que no tienen nada que ver con el talento que se tenga para practicarlos. En mi niñez y adolescencia en Puerto Rico no conocí a nadie que practicara alguno de esos deportes. En cambio, jugábamos al baloncesto, voleibol y béisbol porque existían y existen canchas y parques por todos lados. Por el contrario, las canchas de tenis y los campos de golf tienen su exclusividad. Es obvio que sienta la lejanía como algo natural. Cuando veía en los noticieros la cobertura de los Abiertos de tenis y de golf, me preguntaba: ¿A quién carajo le importa?

Hace un tiempo esa lejanía ha dejado de serla poco a poco.

Margaret es la entrenadora de la tenista número 21 del mundo. Para un desconocedor esta posición puede ser sinónimo de mediocridad. Pero no. Créanme, estar entre las primeras 25 del mundo en el tenis es gran cosa. Es un deporte tan competitivo, que una tenista en la posición número 70 le puede ganar a la número 1 sin que eso cause sorpresa. Ha pasado y seguirá pasando. Puedo dar un ejemplo maravilloso. Mónica Puig en las Olimpiadas de Río de Janeiro 2016. Ella, siendo la raqueta número 34 del mundo, les ganó a Garbiñe Muguruza, raqueta número 4 del mundo; a Petra Kvitova, raqueta número 14 del mundo; y a Angelique Kerber, raqueta número 2 del mundo para ganar la medalla de oro olímpica.

Margaret en su época de jugadora ganó muchos torneos, y llegó a alcanzar la posición número 9 del mundo. Logro que respalda su categoría como entrenadora. Sabe lo que es ganar, lo que es perder, y sabe lo que es estar en la cima del tenis mundial. Experiencia que transmite con resultados positivos en la carrera de su entrenada. La hoy raqueta 21, era la 47. En apenas dos años su carrera se ha transformado. Subir 26 escalones requiere sacrificio, disciplina, hambre y sed de ganar, y una entrenadora que saque lo mejor de ti y sea una guía. Lo mismo pasa en el béisbol. Un entrenador debe ser un conocedor del deporte y de su rol. Debe ser confiable, estricto, intuitivo, sincero, y sobre todo, que sepa estar serio en los momentos serios, y en los momentos en los que hay que reír sepa reír.

Ser entrenadora para Margaret ha significado dar un giro de radical a su vida. La abrupta salida del tenis profesional debido a sus constantes lesiones la sumieron en la depresión. Es normal cuando se tiene alrededor gente que te exige como si no fueras humana. Eso hace más pesada la carga de la culpa al no lograr las metas trazadas. El entrenador era su tío. Un tipo sin el vasto conocimiento para entrenar profesionalmente, pero era el preferido de su padre. Preferido por el solo hecho de que podía ser él, el padre, quien tuviera la última palabra. Al anunciar públicamente su retiro de las canchas, ese mismo día, se separó de su novio, de sus padres y de su tío. No los quería ver hasta nuevo aviso. Le dejó una carta a cada uno para que la entendieran y respetaran su decisión. Quería estar sola. Se mudó a una casa de campo que había comparado en secreto. Allí se dedicó a drogarse con pastillas y a emborracharse con ginebra por un tiempo. Aplazó la autodestrucción cuando empezó a salir de la casa a recorrer los caminos que le ofrecía la naturaleza. La primera vez que sintió el impulso de salir, intentaba reprimirlo pensando en seguir durmiendo para luego beberse los cuatro tragos de ginebra que acostumbraba antes de desayunar. No pudo resistirse. El impulso era incontenible. Salió. Estuvo varias horas caminando hasta que sintió primero sed y luego hambre. Llegó a la casa. Bebió agua hasta saciarse. Se comió dos cruasanes con jamón prosciutto y queso muenster y se bebió una taza de té verde con varias gotas de limón y miel. Al beberse el último sorbo que quedaba en la taza se sintió diferente. Y volvió a salir. Llevó para el nuevo recorrido qué comer y beber. Estaba decidida a permanecer fuera de la casa hasta el anochecer.

Sentía comodidad con el rumbo que había tomado. Dejó a un lado la autodestrucción. Pero algo le faltaba. Lo sentía cuando escuchaba sus pasos por las veredas. Cuando se acostaba en la yerba a mirar las nubes. Cuando escuchaba los pájaros y la radio. Y cuando vio y escuchó por la televisión a una joven tenista pronunciar su nombre. Querían conocerla. Desde ese momento entendió que tenía motivos para volver y para un nuevo comienzo.

Conocí a Margaret gracias a mi agente. Fue él quien me invitó y llevó al US Open, y quien nos presentó e invitó a cenar. Se conocían desde que ella era tenista. Mi agente representaba la marca Adidas que auspiciaba a Margaret. Gracias a él, ella devengó de esa asociación buenas cantidades de dinero. Margaret siempre ha estado agradecida del trato brindado. Yo también. Es un tipo humilde, sencillo y que al parecer ama que otros reciban el dinero justo por su trabajo. Nunca lo he visto alardear de lo que ha logrado su agencia. Ni hablar mal de la competencia. Además, me trata como a un hijo. Literal. Una vez su hijo, en medio de una fiesta y entre risas me dijo: «Papi te quiere más a ti que a mí. Y tú tan cabrón.»

La cena transcurrió entre risas recordando los enojos míos en el montículo y los de ella en la cancha mientras comíamos tacos al pastor, chilaquiles, tostadas, tamales y bebíamos cerveza, tequila y mezcal. Una combinación que hizo que mi agente llamara a un taxi. Por supuesto, luego de una llamada de su esposa para saludar. Nos dejó solos. Estaba borracho. Estábamos borrachos. También nosotros llamamos a un taxi. Nos llevó al hotel donde Margaret se hospedaba. Y en ese hotel nos conocimos mejor.

El tenis, la comida mexicana y el nombre Scott (nombre de su antiguo novio) me hacen recordarla.

No fue un amor de una noche. Pero ese nombre no lo puedo olvidar. Una cosa es mencionarlo de vez en cuando, y otra, mencionarlo en pleno orgasmo. No en cualquiera, sino en su primer orgasmo conmigo. Bueno, evidentemente no lo tuvo conmigo o gracias a mí. Creo que le serví, en todo el tiempo que duró la relación, de objeto masturbador.

Scoooooooooooooooooott!

Al carajo.

Guadalupe

Los masajes, por más que lo evito, logran excitarme. No estoy exento de que en el trayecto se me endurezca el pene. En el equipo tenemos un grupo de masajistas para relajarnos y evitar lesiones. Dentro del grupo hay masajistas de los dos géneros más conocidos, hombre y mujer. Con ambos siento lo mismo. Pero cuando es un hombre el masajista, pienso que es una masajista. Y cuando es una masajista, pienso que me quiere incitar a que la desnude allí mismo y tengamos sexo a lo loco. No sé por qué pienso en sexo cuando recibo los masajes. Es posible que el contacto de las manos con la piel de esa forma, con las curvas, la dureza, la suavidad, y los caminos que recorre poco a poco me causen una reacción exageradamente cerca de la provocación, de ir más allá del contacto de las manos con la piel. Con Guadalupe pasó. Fuimos más allá.

Todo empezó cuando quiso darme un masaje en las nalgas. Fue algo curioso, pero accedí. Bajó sutilmente mis calzoncillos de tela elástica que me llegaban a la mitad de los muslos, y de inmediato comenzó el masaje. Pensaba en que a lo mejor le daba asco verme las nalgas con pelos. He estado con mujeres que no le agradan los pelos en el cuerpo de un hombre. No fue así con Guadalupe. Al contrario, ella detesta al hombre lampiño. Le gusta el pelo hasta en los genitales. Durante el tiempo que estuve con ella no permitió que me afeitara. Le gustaba la textura del pelo al pasarme la mano por el pecho, la barriga y la vejiga. No le molestaba que los pelos se le enredaran en las manos. Al contrario, le causaba risa. En cambio, en su cuerpo no existía ni un rastro de pelo por ningún lado, excepto en los brazos, la espalda y en la cabeza. Tiene aún el pelo largo. Un pelo castaño hasta la mitad de la espalda, lacio, brilloso, en fin, una obra de arte. A la hora de dar masajes se lo recoge en un moño dejando al descubierto la nuca, que me gusta mirar, tocar, oler y besar.

Al terminar Guadalupe con el masaje en mis nalgas, puedo decir que la sensación de liviandad era extraordinaria. Pura magia. Flotaba. Ese día lanzaba contra un equipo que me odiaba por algunos comentarios que hice. Fueron en tono de broma, pero no cayeron así. Cayeron como insulto. Como no era mi intención insultarlos, no le di mayor importancia a todo lo que vino después. Le di importancia a lo que quería decirle a Guadalupe ya de pie. Ella se me adelantó.

— Ojalá el masaje te haya ayudado a relajarte. Lo que te espera no va a ser nada fácil — me dijo. Y luego, una sonrisa pícara.

Me dejó mudo. No reaccioné a su comentario hasta el otro día. Agraciadamente, no tuve decisión en el partido. No fue un gran partido. Fue un pésimo partido. Permití 4 carreras. Cuatro malditas carreras. La última vez que permití 4 carreras fue en mi segunda salida de esta temporada. La primera derrota. Ya voy por la salida 29, y solo tengo 3 derrotas. Todas en casa ajena. En 2 de las 3 derrotas, no permití más de 2 carreras. La primera derrota tuvo marcador de 5 a 4. La segunda, 2 a 1. La tercera, 2 a 0. Por eso soy un gran pitcher, porque hasta en las derrotas luzco bien. En las 29 salidas solo he tenido 2 de baja calidad. En otras palabras, en esta temporada llevo 27 salidas de calidad, o Quality Starter.

En la novena entrada perdíamos 6 a 4. Tuve suerte que el equipo respondió con una ofensiva devastadora con 2 hits, seguido de 2 jonrones. Todo con 2 outs. Los Dodgers no reaccionaron en su última oportunidad. Por lo tanto, no perdí.

Lo que sí perdí fue la confianza en el masaje en las nalgas. Al otro día encontré a Guadalupe desayunando en el comedor del hotel reservado para el equipo. Su mirada era natural. Yo por alguna razón estúpida pensaba que ella iba estar preocupada por la mala salida que tuve en el montículo. Nada que ver. Decidí sentarme a su lado sin que me importara el cuchicheo de los compañeros. A todos Guadalupe los tenía locos. Y a todos ella les había dicho que era lesbiana. Yo creí lo que decían. Nuestra relación siempre había sido profesional. Siempre le daba los buenos días, las gracias y toda la cortesía que implica relacionarse con otra persona. Hasta que me bajó los calzoncillos. Desde ese momento cambiaron las cosas. Empecé sentándome a su lado en el comedor del hotel. Y terminamos en una relación donde los espasmos, dolores y la tensión antes de los partidos pasaron a otro plano.

No teníamos una relación normal. Guadalupe era lesbiana. Decía la verdad. Pero yo le gustaba de forma extraña. Era su amante. No me molestaba en lo mínimo ser amante de una mujer que sabía convencerme de que lo que estaba haciendo con ella era lo mejor para los dos. No encontraba ninguna diferencia entre ella y las demás. Por supuesto, con Guadalupe estaba presente la locura de que en algún momento aquello que llamábamos nuestro secreto iba a llegar a su final. No nos importaba. Cuando reflexionábamos acerca de que nada dura para siempre, como cantaba Héctor Lavoe, la angustia o la desazón no se arrimaba. Sabíamos la superficie que pisábamos. La intención no era hundirnos o resbalar, era llenar los vacíos de los cuales la vida y el miedo no se encargan.

Ella ni yo teníamos reparos en hablar de pasadas relaciones. Nos contábamos todo. Entre todo, me explicaba cómo fue su primera experiencia lésbica, y yo, mi primera relación con una mujer casada. Tenía curiosidad en saber cómo me las arreglaba para esquivar a la prensa sensacionalista y cuán buenas eran en la cama esas mujeres que estaban en contra de lo establecido.

Al día de hoy ella sigue siendo masajista del equipo. Y yo, un pitcher que de vez en cuando le pide una aventura.

Ludmila

Los orgasmos que he tenido con ella han sido todos con ropa y con un café en la mano izquierda. En la izquierda, porque la derecha es para lanzar una pelota que me ha hecho millonario y debo usarla lo menos posible. A veces pienso que es absurdo ganar tanto dinero por lanzar una pelota. Claro, no tan solo es lanzar una pelota. Para lanzar esa pelota como yo la lanzo se requiere un proceso extenso e intenso de entrenamiento y técnica para llegar a dominar a los rivales. Si eres considerado un buen pitcher, quiere decir que lograste entender lo que muchos no entienden. Lograste descifrar el manejo idóneo del talento. Pero se requiere confianza y valentía para llegar a la élite. De ambas cosas tengo de sobra. ¿Qué quiere decir todo esto? Que tengo talento, confianza y valentía. Por eso no me considero un buen pitcher. Me considero un excelente pitcher. Por eso gano lo que gano. Puede que sea arrogante. Pero arrogancia sin talento es de estúpidos. Lo mío es diferente. Es una arrogancia con talento y debo disfrutarla mientras dure. Porque no es para toda la vida. Si se llega a los 40 años lanzando como lo hizo Jamie Moyer significa que estás hecho de otra cosa. No de carne y huesos. Y es casi un milagro. Lanzar a los 40 lo veo improbable. Aunque me queda poco para llegar, dependerá del dinero que me ofrezcan y de cómo me sienta. El cuerpo es exigente. Y más en el deporte. No es lo mismo lanzar con 25 años que con 40. El brazo sabe contar.

La voz de Ludmila logra que cualquier conversación, en cualquier lugar, sea inacabable. La sigues escuchando al pasar de los días. Penetra con la delicadeza de las lloviznas. Como las carcajadas de un bebé. Es como el agua tibia que necesitas hasta los tobillos.

Hemos tenido muchas conversaciones. Una vez empezamos hablar de Nelson Mandela y de lo que dijo acerca de la pobreza: "Es una invención del ser humano, por lo tanto puede ser erradicada." De esa cita se desprendió la idea de la redistribución justa de la riqueza, de un capitalismo solidario, dos cosas que veo imposibles y sin voluntad política de nadie. Pienso que es insostenible que una persona que trabaja siga siendo pobre. En cualquier liga, no es aceptable. También hemos hablado de la sensibilidad de los animales y de si tienen conciencia. Es curioso pensar en ello. Son tan complejos como nosotros. Sienten y padecen, y quién sabe qué más.

Conversar no tan solo es comunicarse. Es internarse en lo que el otro piensa tratando de buscar coincidencias. Se tengan o no, si la conversación es buena, o sea, que nadie imponga su criterio, se logra lo que nos hace seres sociales. No tenemos que estar de acuerdo en todo para tener una conversación agradable. Hay que estar abiertos a la posibilidad de aprender algo del otro. A la posibilidad de que lo que pensamos no siempre es lo correcto. O no siempre los demás deben estar de acuerdo.

Las conversaciones entre Ludmila y yo nada tienen que ver con quién tiene la razón. La búsqueda de dejar al otro mal parado no es una conversación, es otra cosa. Las de nosotros se tratan de la razón en sí. Para mi desgracia cuando la conversación gira a un tema sexual o de parejas, termino pidiéndole un beso. Beso que no es dado y siempre va acompañado de lo siguiente: «No. Eres un sin vergüenza. Lo siento. Nuestra amistad es poderosa.» Resignarme es lo mejor que hago con Ludmila. Yo no voy a cambiar. No me interesa. Es probable que la haga sufrir, y después de un tiempo, aunque hagamos las paces, nuestras conversaciones no serán las mismas. No quiero eso. Quiero conversar con ella como hasta hoy. Con un café cortado, un cruasán tostado con mayonesa y queso de bola derretido, o humus con pan tostado y una botella de agua. Ella con un té y un yogur de coco. Y con la intriga de cuál será el tema que hablaremos.

Tengo que confesar que los gustos literarios de Ludmila nada tienen que ver con los míos. A ella le gusta la novela clásica y los ensayos feministas, y a mí los ensayos en general y un tanto la novela policiaca. A veces discutimos gracias a los por qué. Por qué no lees lo que yo leo si está interesantísimo, o es importante para entender x cosa. Resulta que lo que es importante e interesante para mí, no necesariamente es importante o interesante para otros. La diversidad se muestra en muchos ámbitos. En lo que leemos no hay excepciones.

Considero la palabra diversidad una palabra hermosa. Permite que Ludmila y yo nos entendamos a pesar de las diferencias. Aceptar la diversidad como algo que nos une, y no como algo que nos separa, puede ayudar a un entendimiento y a una comprensión para poder desatar el lazo y desenvolver el papel del regalo que otros ponen en nuestras manos. De Ludmila he aprendido que una conversación puede llevar a otra, y a otra, hasta el infinito. Que los libros nos hacen seres con algo qué decir en medio del silencio. Pero no en cualquier silencio. Sino en aquel silencio que no se aprecia, que incomoda, y que deja en el aire lo que se debe de decir. En palabras de Ludmila: Soy quien quiero ser, gracias a que otros han logrado ser como siempre han pensado y querido ser. No es fácil ser quien se quiere ser. Las batallas son constantes. No hay tregua. Pero al final del día, cuando decides descansar, te sientes tan bien.

Alfonsina

Si una mujer sabe de béisbol va a obtener mi atención. Pero si sabe quién es Francisco Coímbre va a obtener mi admiración. Alfonsina no tan solo sabe de béisbol, sabe de su historia y de sus estrellas. Su abuelo jugó con Luis A. *Canena* Márquez en los Indios de Mayagüez en la década del 50. Alfonsina nació rodeada de gente que amaba el deporte y lo practicaba con talento. Ella, a pesar de la habilidad que tenía para el softball, decidió escoger otro camino: el del periodismo deportivo. Yo he sido presa de sus cuestionamientos por mis faltas de respeto a sus colegas. En ocasiones, soy consciente de ello, que mis contestaciones rayan en lo ofensivo, porque no considero que se ponga en tela de juicio mi reputación por comentarios acerca de un juego. Me molesta el que si no contesto a sus preguntas soy tal cosa. Si no tengo tiempo o ganas de ser entrevistado soy tal otra. A veces de lo que tengo ganas es de irme a la casa a olvidarme de todo. Pero pocos entienden que uno es un ser humano. Creo que nos ven como máquinas que juegan. Que nos debemos a un público pase lo que nos pase. Al menos Alfonsina entiende y tiene claro que somos seres humanos. Por eso cuando me cuestiona fuera de cámara el hecho de las faltas de respeto para con sus colegas nunca publica lo que le digo.

Ningún periodista ha pisado mi casa. Solo ella. No porque sea una mujer bellísima. Es porque sabe preguntar, y esas preguntas son tan buenas que da gusto contestarlas. No se enfoca en los chismes. Se enfoca en el aspecto deportivo. Hace preguntas acerca de mis lanzamientos, no de mis peleas con mis compañeros. Hace preguntas acerca de la mecánica de los lanzamientos, del conteo que me favorece, de cuál bateador me resulta incómodo, del porqué la cantidad de mis lanzamientos en un juego no debe sobrepasar tal número, de las indicaciones del cátcher o del dirigente en momentos críticos del juego y la dinámica que debe haber. En fin, sabe de béisbol y sabe de periodismo. Lo único que detesto es cuando me compara con otros lanzadores. Una vez me preguntó, y hasta hoy se lo recuerdo: ¿Por qué si Orlando *El Duque* Hernández puede salir de relevo para ayudar a su equipo, tú estás reacio a tal salida? Me dieron ganas de levantarme y decirle que se fuera. Pero no lo hice. Es su trabajo hacerme ese tipo de preguntas: incómodas para mí y valiosas para su carrera. Al final de esa primera entrevista, en total han sido tres, le mencioné mi malestar con la pregunta comparativa mientras comíamos unos entremeses. Me dijo que es parte del arte de la entrevista. No todo puede ser un recorrer en un jardín de flores, también hay que tirar piedras.

A pesar de la insistencia, nunca había aceptado mis invitaciones a cenar, ni tan siquiera un café. Hasta que gané mi segundo Cy Young. Quiso entrevistarme. Accedí, pero con una condición. Aceptó. En la entrevista mi comportamiento no era el que ella esperaba. Fui más arrogante de lo que realmente soy, y le replanteé varias de sus preguntas. Se le veía descolocada. La intención era esa. Disfruté el momento de la venganza. A pesar de mi actuación, la entrevista le pareció satisfactoria. Ya en la cena, me preguntó como quien no quiere la cosa, el porqué del cambio.

— Yo también sé tirar piedras —, le contesté. No se molestó. Al contrario, le dio risa. Más bien, nos dio risa. Disfrutamos el juego de la venganza.

— Que dulce es, ¿no?, — me dijo.

— Como un baklava.

Desde la cena empezamos una especie de relación amistosa. Nada de sexo. Pero sí de una coquetería especial y atractiva que motivaba los encuentros. Pensaba que en algún momento de debilidad de su parte nuestra relación podía pasar a otra etapa. Lamentablemente, no es una mujer débil. Por lo tanto, pasar a la otra etapa se ve distante.

Dicen por ahí, que la esperanza es lo último que se pierde.

Siri

Hablaba sola. En teoría. Oírla en su soliloquio era una forma de entender que no estamos solos del todo cuando no hay nadie a nuestro alrededor. Existe algo que nos mueve a expresarnos, a establecer un diálogo con uno mismo ya sea audible o mental. Somos uno, pero ese uno necesita interrogarse y ponerse de acuerdo.

Nunca pensé que estaba loca. Pensar tal cosa era desconocer que estamos en una constante narración de nuestros pensamientos y sentimientos. En todo momento nos estamos contando qué hacer, cómo hacerlo y cuándo hacerlo. Me pasa en el montículo. La conversación que tengo conmigo es intensa y no cesa. No es posible detenerla. Detenerla significa no pensar, no sentir y no identificarse con lo que se es. Sería no existir.

Siri no se avergonzaba cuando la hallaba hablando sola. Reía, y decía: «Bueno, llegó Javier.» Una vez estaba bebiéndose mi chai latte en la cocina. Sí, el mío. Tenía la mala costumbre de beberse la mayoría de las cosas que preparaba como el chai, las batidas, los jugos de vegetales y un jarabe de jengibre, limón y ron. Esa vez entré sigiloso a la cocina. Encendí la grabadora del celular. Me detuve en la entrada. Estaba hablándose. Y se decía: «Debo dejar de estar haciendo esto. Beberme lo que hace lo enfurece. No me dice nada, pero sé que lo enfurece. Verle aguantar la furia me gusta. Y no sé por qué me gusta verle así. No tiene lógica. Su furia sí tiene lógica. Es probable que me moleste igual si alguien se bebe lo que yo preparo para mí. Pero que rico es hacerlo. Lo admito. Por qué negarlo. Sabe diferente. Es curioso. Hacer lo indebido como que suele agradar. No agradar, pero... Agradar no sería la palabra correcta. Vamos a ver... Creo que agradar no es la palabra ideal porque suena como que hacer el mal es agradable y no lo es. Es posible que el mal que causo bebiéndome lo que no es mío no sea de una magnitud que provoque un daño irreparable. Es infantil lo que hago. Lo reconozco. Quizá pudiera ser agradable por la continuidad. Llevo haciéndolo desde pequeña sin ninguna consecuencia adversa.

¿Será que veo mi acto como algo normal? ¿Lo justifico porque simplemente tengo ganas de hacerlo? ¿Debo reprimirlo? La verdad, si Javier no hiciera tan bien el chai no me lo bebería. Reconforta y me hace recordarlo e imaginar cómo lo hace. Qué le echa primero, cómo lo bate, cómo pone los labios, en qué piensa cuando lo hace. No es una excusa para tomar lo que no es mío. Pero, ¿qué puedo hacer? No lo puedo controlar. ¿Estaré enferma? A lo mejor necesito un psicoanálisis.»

— Lo que necesitas es dejar de ser vaga, y prepararte tú lo que te gusta — le dije.

— ¡Me asustaste! No te vi — respondió. ¿Desde cuándo estas ahí, idiota?

Siri y yo nunca nos enamoramos. Tampoco nos extrañamos desde que se fue a Japón a ser parte de un grupo de mercadeo para el equipo de béisbol Yokohama DeNa Baystars. Escribo acerca de ella porque me llamó hace unos días. Me acordó el chai latte, y la vez que nos tiramos una foto en la piscina besándonos y la publicamos en Instagram. Ya han pasado dos meses.

Jhumpa

La curiosidad mató al gato. Es un dicho popular estúpido. Muy estúpido. Sin la curiosidad estuviéramos viviendo en cuevas y no en casas con muchas de las comodidades disponibles. No puedo entender cómo la gente puede popularizar una estupidez. Y no sé tampoco cómo la gente puede confiar en las encuestas o sondeos de opinión pública. ¿Cómo es posible que un análisis pueda partir de un sondeo donde la muestra es desconocida? Y lo más insólito aun, que un análisis parta de una muestra que no se tiene a la mano para saber cuánto se sabe del tema.

Lo anterior lo sé no porque sea un genio, sino porque Jhumpa, mujer curiosa y brillante, cuestiona esos métodos que intentan recoger el sentir de una población diversa y con infinidades de experiencias y versiones para entender su entorno. Es socióloga y le gusta hablar con la gente y observarla. No por eso es una destacada socióloga, es porque a través de la gente, de lo que dice y de lo que ella observa e interpreta de lo que dice la gente, obtiene una noción, no generalizada, de ciertos aspectos que se infieren en la sociedad.

La MLB la contrató para hacer un estudio del impacto de sus miembros a la sociedad. Al principio creía que solo la contrataron para deleitarse con su belleza. Para verla subir y bajar con sus trajes ajustados y escuchar el paso fino de sus tacos. Estaba equivocado. A los cinco minutos de estar con ella me di cuenta de mi error. De los resultados no me pregunten. Refiéranse al comisionado Rob Manfred, que de seguro algo interesante hará con la información.

Para enamorarme de alguien no necesito besarla, desnudarla, y menos, verle la vagina y disfrutarla. Lo único que necesito es querer volverla a ver al día siguiente, y luego al día siguiente, y así sucesivamente hasta que me canse o me muera. Con Jhumpa sería difícil cansarme, porque hasta sus silencios me entretienen, intrigan y suelen invitarme a adivinar a qué se deben. No intento ser exagerado. Tampoco intento colocarla en un pedestal de perfección. No es perfecta. No me interesa la perfección, porque no existe. Es obvio que no existe. Sus silencios no son nada perfectos. Son incómodos y a veces prolongados. Mira a no sé dónde, como buscando recordar algo para luego reír con los labios y decirme: No me hagas caso. Nunca le he preguntado el porqué de sus silencios. Creo que es de mal gusto hacerlo. Ven, una situación que podría desencadenar una serie de reacciones de malestar y subestimación crean en mí lo contrario. ¿La idealizo? Es probable. Soy débil ante las mujeres inteligentes y dominantes.

Considero que cuando una mujer con las características de Jhumpa se interesa en mí tengo las de ganar. No en el aspecto de competencia, sino en el aspecto de crecimiento. No es lo mismo hablar con alguien a quien solo le interese lo mal que le va a los demás, o de lo que compra, que hablar con alguien que le interesa el análisis y las opiniones desde diferentes puntos de vistas y disciplinas del curso de la humanidad.

Ganar dos veces en un solo partido no es imposible.

Liliana

El deporte no tiene por qué gustarle a todo el mundo. Existen innumerables razones para que sea así. También existen innumerables cosas por las cuales apasionarse. Lo competitivo en algunas personas es causa de repulsión. No me parece raro. El deseo de derrotar al otro para alcanzar una especie de epifanía no es del todo sana. Puede que de ese deseo surjan el rencor, las ansias de venganza, la frustración de ser derrotado y de tener que lidiar con la alegría del otro, y lo peor, sentirse inferior al otro. Histórica y porcentualmente he sido mejor que mis rivales. Las estadísticas dictan que soy superior a mis rivales. Valga la redundancia. Por lo tanto, verlos tristes, frustrados y a algunos llorando, es causa de que he hecho las cosas bien. Ganar es importante. Quizá, lo más importante. Pero también es importante brincar y reír de alegría mientras tus rivales salen del terreno cabizbajos, entran al dugout sin saludarse y en fila bajan la escalera hasta el camerino donde el dirigente intentará rescatarlos de la desilusión.

Es cruel, no es otra cosa, el concepto que tengo de la otra faceta del deporte. Por eso entiendo a Liliana. A ella no le interesa el deporte en el aspecto de ir a un estadio o a un coliseo, y menos de analizar estadísticas o de endiosar al deportista. Le interesa lo que hay detrás del deporte y de los deportistas. Lo humano. Las historias que marcan vidas. Considera un fenómeno que tanta gente se congregue a ver un grupo de personas a jugar con una pelota, y que de ahí salgan narrativas de amor y de odio por igual.

Liliana es cocinera. Yo preferiría llamarla chef, pero no le gusta. ¿Por qué no le gusta? Siempre evade contestar. Se refugia en que es cocinera y punto. Ha viajado el mundo cocinando. Vietnam, Japón, India, Turquía, Portugal, Brasil, Perú, México... En todos ha aprendido a valorar la comida y su técnica. A entender que la comida no solo nutre, sino que también representa una cultura y una forma de pensar. Lo bonito de la comida y de la hora de comerla es que el racismo es olvidado. El taco, el chicharrón, el pollo frito picante, el döner, el ramen, son comidos sin importar su contexto histórico. Solo importan el hambre y el gusto. Pero al final, se ha entrado de lleno a una idea, a saciarse de una cultura culinaria que se respeta, porque se ha sido capaz de llevarla a la boca, masticarla y tragarla. Para Liliana, un Pho o un Iskender kebab pueden ser tan elegantes y sofisticados como un risotto o un foie gras. No hace distinción. Los cuatro platos son obras que llevan años alimentando a la gente. Obras que poseen unas características únicas que identifican a un pueblo. Se requiere respeto para ir en busca de esos sabores que de una forma u otra enorgullecen.

Liliana no tiene ninguna estrella Michelin, pero sí tiene fotos con grandes chefs con los que ha cocinado, y experiencias y lecciones transformadoras. Su plato favorito no es lo que yo esperaba de una cocinera de calidad internacional. Era extraño que fuera tan sencillo. Esperaba un plato refinado, con un nombre de esos que no tienen que ver nada con lo que se muestra. Ya había escuchado antes de una chef argentina que lo más que le gustaba era un pedazo de pan con manteca, o mantequilla, como le decimos los puertorriqueños. Aun así, es difícil de asimilar que el gusto de la gente que se dedica a cocinar cosas inimaginables se reencuentre con lo básico, con los primeros bocados probados. El plato favorito de Liliana, a pesar de que sus ingredientes son fáciles de conseguir y no requieren para su preparación una técnica de alta cocina, es sabroso. Y es el siguiente: plátano maduro hervido, huevo frito con el borde quemado, orégano en la yema, y un tomate rebanado en ruedas (una encima de la otra como si fueran dominós derribados) con sal y aceite de oliva extra virgen. Nada más. Dice que lo puede comer todos los días. No le creo. Lo mismo decía yo del bacalao guisao, y me cansé. Con ella, quién sabe. No es dada al alcohol, pero le gusta el vino. Y de postre prefiere el arroz con dulce con poca canela y los turrones.

¿Dónde la conocí? En mi pueblo y en su restaurante. Llovían las recomendaciones para que lo visitara cuando viajara a Puerto Rico. Me decían que era caro; pero no caro de puro chiste. Caro, porque vale la pena. El servicio es de primera, la comida siempre bien servida y caliente. Y si dice en el menú que tal plato es con crema de cilantro, la crema sabe a cilantro y no a sal y queso. Acepté las recomendaciones. De aperitivo probé la deliciosa

Galleta crujiente de erizo y mantequilla cítrica con una copa de vino blanco. Después de comerme un arroz con coco, acompañado de un salmorejo de jueyes y de unas arañitas de plátano crocantes fui feliz. Eso hace la comida. Hace que la gente sea feliz.

No hace falta narrar que pedí conocerla. Y al verla, olvidé el postre. De nuevo fui feliz.

Fernanda

Te amo. Por eso me voy. Puede que suene contradictorio, pero no lo es. Sería contradictorio si me quedo esperando de ti lo que no me puedes dar. Ni estás dispuesto a dar. Estas muy enamorado de ti mismo, de tu talento, y de las oportunidades que te sobran y aprovechas. No quiero sonar como una jueza, menos como una santa. Quiero sonar como alguien que se va, porque no hay una respuesta clara a su amor. Sino turbia. Muy turbia. Quiero sonar como alguien justo, como alguien que pretende algo más de una relación que nació de lo espontáneo, de las ganas de soñar y palpar lo bonito. Nuestra relación no nació de la duda, de lo ambiguo, ni del resquemor. Pero en eso es lo que se ha convertido. No deseo instantes y expectativas. No deseo ser una maleta de nadie. Tampoco una sierva abnegada, fiel, y sumisa. Yo estoy a la moda.

Es posible que pienses que te estoy reprochando lo poco, o poquísimo, que me has dado y me puedes dar. Creo que no es así. Creo que simplemente reflexiono lo nuestro, e intento buscar alternativas. Alternativas que me arrojan a cerrar la puerta de tu casa, y no activar la alarma con toda la intención para que cualquiera pueda entrar y servirse lo que quiera. O llevarse lo que quiera.

Que debería entenderte, insinúas. Es válido. Pero no, no lo haré. El entendimiento no puede ser unilateral. Debe ser bilateral, sensato, y humilde. Humilde, Javier. Humilde. Es una palabra que malinterpretas constantemente. O no sabes el significado. O lo sabes, y no te interesa como para serlo.

Aquí estamos. Pero no lo estamos. Tú allá y yo acá. Lejos, como siempre.

Quisiera ser otra para que no me importara lo que haces a mis espaldas. Para seguir soportando lo que nadie debería soportar. Pero no soy otra. Al menos, no esa que te gustaría que fuera. Soy la que soy. Soy la que te ama, la que siempre estaba a tu lado, la detallista, la que te leía en la cama los libros de Robert Walser, la que te preparaba el sándwich cubano con el pernil de cerdo tostadito, el jugo de limón, jengibre y miel, la que te daba masajes, te afeitaba y te recorría de arriba a abajo.

Lo mejor de ti es la colección de fotos. Es genial. Sin duda, es genial. Es infinito lo que puede hacer una cámara en manos de un artista. Los animales son transformados en obras de arte. La basura, los callejones, la sangre derramada en la piel, el sudor en los rostros, el reflejo en un cristal, la espera en una parada, una mirada a lo lejos, a lo cerca, un edificio con pocas luces encendidas, una casa abandonada, un niño cogido de la mano de un anciano... Todo eso y más, lo he visto en tu colección. No todo, claro está. No te he visto a ti convertido en una pieza de arte. Es imposible. No lo eres. No lo serás. Lo que sí eres, y con solo mirarte es suficiente, sí, un arrogante.

Te amo. No a tu manera. Sino a la mía. Y eso hace la diferencia. Una diferencia que no es única de nosotros, es única de todos. No amamos igual. ¿Las formas lo son todo? No lo son. Además, no existen formas a prueba de imperfección. No la inventarán. Es imposible. Lo que es todo es el amor que sentimos. Yo sé que tú me amas. Lo demuestras de mil maneras. Me gusta y me encanta. Pero a mí no me sale ser como tú. Intento reciprocar lo que me das. No es fácil alcanzar a alguien que se exige darse por completo a cada momento. Es posible que mi nivel de exigencia no sea el mismo. Es obvio que no es el mismo. Aunque lo considero alto, altísimo por como he amado en el pasado, al parecer no te es suficiente. Puedo escribir que lo entiendo, pero no lo entiendo. No lo entenderé. Perderte no lo entenderé.

Fernanda, no quiero que tus vientos sean de huracán. Quiero que sean de la velocidad necesaria para despejar el espacio que nos haga analizar lo que somos. Somos. La palabra somos es importante. Somos una pareja. Somos dos seres que se aman. Somos diferentes. Somos dos.

De todos modos, acepto lo que has escrito. Si te sientes así es porque algo no he hecho bien, o no soy el tipo de amor que buscas y mereces. Es posible que yo no te merezca de acuerdo a tus proporciones. No puedo tapar el cielo con las manos. Quisiera taparlo, pero ya sabes.

Estoy abajo en la cuenta y en el marcador. ¿Sabes de lo que hablo? Vas al frente en el juego, y lo peor, me tienes con 2 strikes y 0 bolas, en la novena entrada. 2 outs. Y todavía peor, la estadística dice que nunca te he bateado bien en esas circunstancias. En mil turnos mi promedio es de .125. Nada bueno para ser un cuarto bate. La novena entrada es tu entrada favorita. La lanzas a 99 mph, no importa el lanzamiento. Puede ser recta, curva, slider, screwball... a cualquiera de ellos no le voy a dar. Lo sé.

Recuerdo cuando me leías en la cama. Es tan bueno escuchar tu voz endulzar una narrativa con sentido y favorecida por las metáforas. La postura de tus labios al leer es delicada, deliciosa. No sé si lo más que me gustaba era lo que leías o como lo leías. Es hermoso escuchar salir por tu boca esas palabras que ayudan a reflexionar, a leer la vida y a leerse a uno mismo. Todo eso te lo debo a ti. Te lo debo a ti porque no me leías por compromiso u obligación. Me leías porque así lo sentías. Cuando me lo proponías, veía una alegría contagiosa. No lo hacías especialmente para complacerme, sino para complacernos. Hiciste tuyo lo que me hace feliz.

Soy tu deudor. Y tú eres mi acreedora más paciente y la que menos intereses me vas a cobrar. No por todo lo anterior te amo. Te amo por lo anterior y porque en tu carta no fuiste despiadada. Dijiste lo que sentías. Tu intención la veo clara. No era hacerme sentir mal, sino hacerme un favor de no ser tan idiota.

Hasta en la adversidad y el coraje, demuestras que eres otra cosa. Inalcanzable.

Ojalá vuelvas pronto.

Llegando al final

Consecuencias

Si hablamos de consecuencias se debe empezar definiendo. Lo que no se empieza definiendo en ocasiones termina sin pies ni cabeza. O de forma bicéfala en el peor de los casos.

¿Qué es una consecuencia? Según el diccionario de la Real Academia Española, es un hecho o acontecimiento que se sigue o resulta de otro. En mi caso, resulta que una consecuencia de mis actos significa sufrir en carne viva lo que otras sufrieron por mi ánimo de inconformismo sexual. Y peor, de mi ánimo de inconformismo afectivo. En otras palabras, ser un impúdico infiel.

Si hablamos de enamorarme, de todas, o de casi todas, he estado enamorado. De unas más que otras. De unas más intensamente que otras. Pero todas están ahí, lúcidas, en el recuerdo. La memoria con ellas no me falla. Es nítida, me respalda y me da consuelo ante la soledad, que es el castigo de los inconformes. Permite refugiarse y contar historias sin nombres ni pistas de por medio. Porque no soy de los que se vanaglorian de sus conquistas y exponen a sus amantes ante jueces corruptos.

Una filosofía de vida hedonista requiere no meditar en un solo plato, si no en todos los disponibles. ¿Por qué no comer en todos los que se pueda? Cuando se piensa así, no voy a decir que no se pasa bien. Se pasa bien y se desea más de todo. Pero al final, la mala fama te la juega. Nadie con una idea de permanecer al lado de alguien por siempre, o hasta que la muerte los separe, y que pretende formar una familia se fijará en mí. Aplicando todo eso al béisbol, es lo mismo que te hagan 10 carreras en la primera entrada por 20 juegos consecutivos. Tal desempeño no permitirá que ganes. Además, dejarás de tener fanáticos y te abuchearán. Consecuencias. Y el equipo te bajará el sueldo o te despedirá. Consecuencias. A los que le gusta comer en diferentes platos, a los inconformes, le llega el momento de pagar las consecuencias.

Si se es un picaflor, se llegará tarde o temprano a esa única flor que envenena. No contiene los químicos mortales de otros venenos, pero se sufre. Se sufre y se muere de distintas formas.

La decisión

Cuando me toca tomar decisiones importantes me es necesario tener una ropa cómoda (o solo calzoncillos), sentarme en el sillón cómodo (el verde con botones en el espaldar), tomarme de a poco un café cortadito (en la taza negra con puntos blancos), pero antes de sentarme y prepararme el café, pongo música. ¿Qué música? Es una decisión importante. Ella permite la relajación idónea para la decisión correcta o la más que me convenga. Música medieval de Montserrat Figueras siempre es una buena decisión. El clarinete de Anat Cohen es otra buena decisión. ¿Qué hacer? Escucharla a las dos. Primer asunto resuelto. Ahora toca mirar al vacío que tenemos en todos lados. Si me quedo mirando fijamente en una dirección se crea el vacío. Y ahí, en ese mismo lugar, el cerebro me buscará los pormenores y los por mayores de las alternativas que tengo.

Retirarme o no. Es la decisión que debo tomar.

El anuncio

Hoy, febrero 7 de 2018, recibo mi tercer Cy Young y aprovecho la oportunidad para anunciar mi retiro del béisbol. Qué mejor manera de retirarse en medio de una celebración y a mis cuarenta años. Estos doce años en la Major League Baseball han sido de un aprendizaje constante. Gracias a ese aprendizaje he logrado sobrepasar las 200 victorias. Digo he logrado, pero no es cierto. Hemos logrado. Yo no juego solo. Ni el juego jamás se jugará solo. No han sido fácil tantas victorias en tan poco tiempo, pero ha sido así porque he jugado para un equipo que sabe de béisbol, y sabe lo que se necesita para ganar. No quisiera decir que soy el único pitcher en lograr 232 victorias, 2.25 de efectividad, y solo 55 derrotas en doce temporadas. Tampoco voy a decir lo que ustedes ya saben, que soy uno de los mejores. Que se encargue la historia de ese importante particular. Lo que sí voy a decir es que me siento honrado por la presencia de todos aquí. Gracias.

Sonará cruel e inapropiado, pero mi madre ni mi padre serán mencionados en este discurso. Sé que es una regla de todo discurso hablar de los padres y de dios, no lo será en mi caso. A quien sí voy a mencionar es a mi tío. El que lo dio todo por mí. El que se sacrificó por mí. El que me abrazaba cuando nadie lo hacía. El que me decía que yo era el mejor, que solo tenía que seguir practicando. El que nunca me reprochó nada, y nada me sacó en cara. Él fue mi verdadero padre y mi verdadera madre. No prometí que no iba a llorar. Por lo tanto, voy a llorar. Tío se lo merece. Todos mis discursos han hablado de él, y este no será la excepción.

Lamentablemente para algunos, soy como soy. Con mis muchos defectos y pocas virtudes. Digo las cosas como las veo y como las leo. A pocos le agrada mi forma de actuar, pero no tengo de otra. Aun así, esta sala está llena de gente que sabe que cuando hablo es porque hay una razón. No necesariamente tenga la razón, pero la intención es ir tras ella.

En el camino que una vez empezó con un letrero enorme de advertencia de que iba a ser duro, hoy me encuentro con otro, no tan grande, pero esta vez dice fin. Yo también digo fin al béisbol profesional. No porque no tenga fuerzas para seguir, o porque mi carrera ha ido en declive. Tengo fuerzas y mi carrera no está en declive. ¡He ganado el Cy Young, damas y caballeros! ¡Y a los 40!

Me retiro porque quiero alejarme del calor de la competencia, quiero descansar, pensar en otras cosas, y en un futuro no lejano, prepararme para convertirme en entrenador.

Gracias a los Cardenales por entender que pagarme lo justo y un poco más era lo ideal. Por tenerme paciencia, en especial con mis extrañas ocurrencias y arranques de ira. Por contratar el talento correcto sin escatimar en gastos. Por las langostas, el champagne y las sortijas.

Gracias a los fanáticos que en cada juego dejan el galillo, como decimos en Puerto Rico. A los que han apoyado mi carrera a pesar de lo que digan los periódicos y los programas deportivos. Y a los que me saludan y piden autógrafos a pesar de mi mala fama.

Muchas gracias. No los olvidaré.

Epílogo

Ni se les ocurra pensar que yo escribí todo esto. Soy inteligente y talentoso, es obvio, pero no tengo la capacidad intelectual para entramar todas las ideas que tengo y sucesos que me han pasado. Para ese trabajo existen los escritores fantasmas. En este caso, escritora fantasma. A decir verdad, de fantasma no tiene nada. En especial, cuando vamos a la playa a "escribir".

Javier Febo Santiago. Ceiba, Puerto Rico. Diciembre 30, 2018

Made in the USA
Middletown, DE
30 December 2020